Ansha

Grundkurs Pendeln

Eine alte Tradition neu entdeckt

LUDWIG

Inhalt

Die Geschichte des Pendelns reicht weit zurück. Auch Galileo Galilei stellte Gesetze der Pendelbewegungen fest.

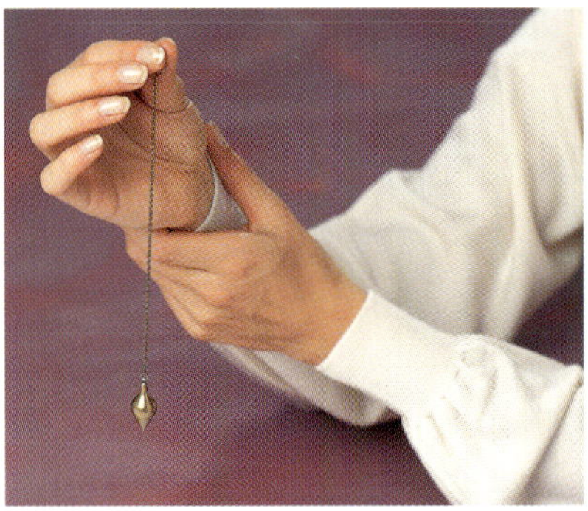

Die richtige Handhaltung trägt zum Erfolg beim Pendeln bei.

Bei der Gestaltung eines selbst gemachten Pendels sind der Kreativität keine Grenzen gesetzt.

Vorwort

Nicht selten wird in der Literatur unterschieden zwischen »der Pendel« und »das Pendel«. Diese sprachliche Differenzierung zeigt an, dass es zwei Arten von Pendel gibt – so genannte »siderische« Pendel und naturwissenschaftliche Pendel. Wir sagen hier weiterhin auch zu dem siderischen »das Pendel«, denn beides ist richtig, ganz gleich, was die Radiästheten meinen.

Ein Pendel ist eine an einem Punkt aufgehängte, frei schwingende Masse. Seine mechanische Bedeutung lässt sich sehr schön an alten Pendeluhren sehen, wo das Uhrpendel durch ein Gegengewicht in Bewegung gesetzt wird. Das siderische Pendel hingegen wird benutzt, um verborgene Dinge und verschollenes Wissen aufzuspüren. Mit diesem Pendel will sich dieses Buch beschäftigen. Der Einsatz des siderischen Pendels unterscheidet sich von dem des naturwissenschaftlichen Pendels in dem Maße, wie sich die Einstellung des Pendelbenutzers zu seiner Weltanschauung verhält. Wer nur die physikalischen und mechanischen Fähigkeiten eines Pendels sieht, hat ein mechanistisches Weltbild, in dem alles rational bewiesen und begründet werden muss. Wer das Pendel jedoch als ein Hilfsmittel betrachtet, mit dem man zu den tieferen Schichten des Bewusstseins – seines eigenen und dem der Welt – vordringen kann, der hat ein magisches Weltbild, in dem alles Sein miteinander verknüpft ist. Auch wenn das (noch) nicht in Formeln und mit wissenschaftlich abgesicherten Theorien untermauert ist.

»Siderisch« hat seine sprachliche Wurzel im griechischen »sideros« (Eisen) und weist auf das Material des Pendels hin. Gleichzeitig deutet das lateinische Wort »sidera« (Gestirne) darauf hin, dass auch unser Dasein von den kosmischen Kräften bestimmt wird.

Radiästhesie

Die Beschäftigung mit dem Pendel – und auch mit der Wünschelrute – nennt man Radiästhesie. Dieser Begriff setzt sich aus dem lateinischen »radius« (Strahl) und dem griechischen »aisthesis« (Empfindsamkeit) zusammen und beschreibt somit die Empfindsamkeit für Strahlen.

Man kann also – eine gewisse Sensitivität und Übung vorausgesetzt – mit Hilfe des Pendels und der Wünschelrute unsichtbare Strahlungen wahrnehmen, wie sie etwa von unterirdischen Wasserläufen, von geologischen Verwerfungen oder von Erzen erzeugt werden. Radiästheten sind in diesen

Verfahren ausgebildete Menschen, die nicht nur von Erdölgesellschaften engagiert oder im Bergbau eingesetzt werden, sondern die auch helfen, in Entwicklungsländern Brunnen zu finden und daneben Archäologen bei Ausgrabungen unterstützen. Nicht selten leisten erfahrene Radiästheten auch wertvolle Hilfe in der Kriminalistik, wenn es beispielsweise um die Suche nach verschwundenen Personen geht oder auch um den Nachweis der Echtheit eines Kunstwerks. Denn jeder Gegenstand und jedes Lebewesen strahlt ebenfalls eine Form von Energie aus. Dieses Phänomen ist zwar noch nicht endgültig wissenschaftlich geklärt, seine Existenz jedoch lässt sich nicht leugnen.

Radiästhesie bedeutet »Strahlenempfindlichkeit« und ist die Fähigkeit, die Kräftestrahlungen von Objekten jenseits der pysikalischen Wahrnehmung zu spüren. Wünschelrute und Pendel sind radiästhetische Handwerksmittel, die auf die gleichen Reize reagieren und diese Strahlungen anzeigen.

Das Pendel – ein praktisches Hilfsmittel

Über die reine Strahlenempfindlichkeit hinaus kann das Pendel auch für psychologische Fragestellungen eingesetzt werden. In diesem Fall werden Informationen aktiviert, die entweder in Vergessenheit geraten sind oder nicht bewusst aufgenommen wurden.

Gerade hier hat sich für mich das Pendel als ein höchst praktisches Hilfsmittel erwiesen, denn mein Leben ist durch häufige Umzüge geprägt, bei denen nur allzu oft irgendwelche Gegenstände verschwinden. In der Hektik lege ich manchmal wichtige Unterlagen einfach in irgendeine Schublade und vergesse sie prompt. Wochen später irre ich dann entnervt durch die neue Wohnung und suche verzweifelt nach den Papieren. Doch seit ich mir bestimmte Pendeltechniken angeeignet habe, die das unbewusst gespeicherte Wissen wieder an die Oberfläche bringen, ist meine Suche wesentlich präziser und nervenschonender geworden.

Vergessenes Schulwissen, Adressen und Telefonnummern, verlorene Schmuckstücke und vieles mehr lassen sich mit dem Pendel aufspüren. Aber auch unbewusste Eindrücke von Personen, Umgebungen oder Situationen können Sie in Ihr Bewusstsein holen und dadurch bessere Entscheidungen treffen, Warnungen erkennen oder Gewissheit erhalten. Wie man mit dem Pendel umgeht, kann fast jeder lernen. Vielleicht fallen Ihnen einige Anwendungen leichter, andere dagegen schwerer. Aber das Pendeln funktioniert – Sie werden dies bald selbst feststellen können – seltsamerweise sogar bei Skeptikern.

Einführung

Die Ursprünge des Pendelns und Rutengehens verschwinden im Nebel der Geschichte. Doch es ist anzunehmen, dass unsere Vorfahren, die der Natur noch viel näher standen als wir, in der Lage waren, viel feinere Energieströmungen wahrzunehmen, als wir es in unserer bequemen zivilisierten Welt heute können.

Tiere haben diese Fähigkeit in jedem Fall. Lachse finden über Hunderte von Kilometern ihre Laichplätze wieder, Zugvögel kennen ihren Weg in die warmen Gefilde, Wüstentiere haben einen untrüglichen »Wassersinn«, Brieftauben fliegen zielgerecht ihren Schlag an, auch Hunde und Katzen finden wieder zu ihren Menschen und Häusern zurück.

»Rhabdomantie« (von »rhabdos«, der Stab, und »mantia«, die Wahrsagekunst) nannten die Römer die Wahrsagetechnik, bei der Buchstaben auf einer besonders präparierten Schale ausgependelt wurden.

Pendelgeschichte

Als Menschen sind wir ein Produkt der Evolution und haben vermutlich die Fähigkeit, Wasser zu finden, von unseren tierischen Vorfahren geerbt. Sie ist bei uns zwar weniger ausgeprägt als bei den Tieren, doch haben wir, wie in vielen anderen Fällen auch, stattdessen unterstützende Werkzeuge erfunden: Wünschelrute und Pendel.

Beschrieben ist die Anwendung radiästhetischer Methoden bereits in einem chinesischen Dokument aus dem Jahr 147 vor unserer Zeitrechnung. Es zeigt einen Kaiser, der vor rund 4200 Jahren geherrscht hat, mit einer Wünschelrute in der Hand. Der zugehörige Text sagt aus, dass dieser chinesische Kaiser einst berühmt war wegen seiner Fähigkeit, Erze, Quellen und versteckte Gegenstände zu finden.

Die Römer hatten bei ihren ausgedehnten Feldzügen Rutengänger dabei, die für das Auffinden von Wasser verantwortlich waren. Pendel benutzten sie zum Wahrsagen. Die Etrusker waren Meister im Muten und machten eine geheime Wissenschaft daraus. Vielfach dokumentiert ist die Arbeit mit Wünschelruten aus dem Mittelalter. Der steigende Bedarf an Erzen machte es notwendig, immer schneller neue Minen zu finden. Im Bergbau waren die Rutengänger gesuchte Spezialisten. Auch die Schatzsuche, schon immer beliebtes Hobby der Menschen, wurde mit Pendel und Rute betrieben. Der »Ring der Nibelungen« beispielsweise ist ein Pendel, mit dem der Schatz im Rhein gefunden werden sollte.

Doch die Fähigkeit, etwas aufzuspüren, das den bekannten Sinnen verborgen blieb, weckte das Misstrauen der Kirche, und schon bald entstanden Theorien, wonach der Teufel seine Hand dabei im Spiel haben musste. Trotzdem sind es Geistliche, die der Pendeltradition zu neuem Aufschwung verhalfen. Insbesondere in Frankreich beschäftigten sich Pfarrer Lebrun, Pfarrer de Valmont, Pfarrer Paramelle, Abbé Bouly, Abbé Mermet und andere mit der Radiästhesie und hinterließen umfangreiche Schriften dazu.

Die moderne Wissenschaft steht jedoch bis heute dem Pendeln und Rutengehen mit großem Misstrauen gegenüber. Es fehlt bisher eine abgesicherte Theorie zu diesem Phänomen, und die Haltung reicht daher von massiver Verunglimpfung und schlichter Ignoranz bis hin zu vorsichtiger Akzeptanz.

Für Martin Luther war die Wünschelrute ein Werkzeug für die Kommunikation mit dem Teufel. Auch heute noch wird das Pendeln in manchen Kreisen als »gefährlich« angesehen, weil es »Geister« weckt, an die man nicht rühren sollte.

Auch Anfang des 20. Jahrhunderts war die Suche nach Wasseradern mit der Wünschelrute aktuell, wie dieses Foto aus einer französischen Zeitung zeigt.

Strahlenforschung

Wissenschaftlich unbestritten ist die Tatsache, dass alle organischen Stoffe und Lebewesen strahlen. Diese elektromagnetische Strahlung kann das siderische Pendel oder die Kirlianfotografie sichtbar machen.

Ein Ansatz zu einem Modell, das auch von Naturwissenschaftlern gebilligt wird und das auch bis zu einem gewissen Grade das Pendelphänomen erklärt, ergibt sich vielleicht aus der Erforschung von bisher unbekannten Strahlungen und Kraftfeldern. Es existieren zumindest etliche Hypothesen zum Thema »Erdstrahlen«. Unterirdische Wasserläufe, Verwerfungen der Erdkruste und Erzlager könnten demnach eine Mikrowellenstrahlung verursachen, die durch Reibung, Spannung oder Anomalien im magnetischen Feld entsteht.

Die Strahlung, die der Körper eines lebenden Wesens aussendet, wird allgemein als Aura bezeichnet. Sensitive Menschen können sie nicht selten sehen, und ihre Ausdehnung und Farbe kann sogar mit Hilfe der Kirlianfotografie allgemein sichtbar gemacht werden. Im Jahre 1958 stellte das weltbekannte russische Gelehrtenehepaar Semjon D. und Valentina Kirlian die nach ihm benannte Hochfrequenzfotografie vor, die das den Körper umhüllende elektromagnetische Feld abbildet.

Auren lassen sich heutzutage fotografieren. Je nach Stimmung der Person wechselt die Farbe.

Auch unsere Gehirntätigkeit erzeugt Schwingungen. Man kann sie mit einem EEG (Elektroenzephalogramm) aufzeichnen. Unsere Gedanken also »strahlen« auch und können somit das Pendel in Bewegung setzen. Das ist allerdings insofern eine zweischneidige Eigenschaft, als hier die häufigste Störquelle des Pendelns liegt. Entspannung und eine gewisse Disziplinierung der Gedanken sind daher unter anderem unerlässliche Voraussetzungen, um befriedigende Antworten von einem Pendel zu erhalten. Wir gehen derzeit davon aus, dass die Materie aus Atomen besteht. Diese wiederum setzen sich aus weiteren, noch viel kleineren Elementarteilchen zusammen, deren Natur zum Teil überaus widersprüchlicher Art sein kann. Einmal sind sie wie Teilchen, einmal jedoch wie Wellen. Eines Tages wird sich wohl herausstellen, dass der Unterschied zwischen Materie und Energie nicht so deutlich ist, wie es unseren derzeitigen Vorstellungen entspricht. Denn Schwingungen, Strahlungen und Kraftfelder scheint es weit mehr zu geben, als wir bisher nachweisen können.

Kraftfelder und Strahlungen sind für die allermeisten Menschen nur mittelbar durch ihre Wirkung erkennbar – wie etwa die Radiowellen, die einen Empfänger und Verstärker brauchen, um in Nachrichten und Musik umgesetzt zu werden.

Physikalisches Pendeln

Ein unsichtbares, aber wirksames Phänomen, dem wir alle beständig ausgesetzt sind, wurde einst mit dem Pendel nachgewiesen. 1891 führte (J. B.) Léon Foucault seinen berühmten Pendelversuch durch, mit dem er die Rotation der Erde nachwies. Und bereits knapp dreihundert Jahre früher hatte schon Galileo Galilei die Gesetze der Pendelbewegung beschrieben.

Pendel werden nachweisbar durch mechanische Einwirkung in Bewegung gesetzt, wenn Sie ein Pendel z. B. mit dem Finger anstoßen. Aber auch durch Kraftfelder werden sie zum Schwingen angeregt – etwa durch Magnete. Diese Bewegungen sind nachweisbar und berechenbar.

Die Vertreter der physikalischen Theorie der Radiästhesie haben die Hypothese aufgestellt, dass die Schwingungen des Pendels und die Ausschläge der Rute nur durch physikalische Einwirkung geschehen, der Mensch dabei lediglich der Empfänger der Strahlung ist. Die Strahlen, die ein Gegenstand, eine Wasserader oder ein Metall von sich gibt, reizen das neuromuskuläre System. Diese Nervenimpulse aktivieren ihrerseits die Muskelfasern zu mikrofeinen Bewegungen, so dass das Pendel in den Fingern des Menschen zu schwingen beginnt.

Bereits im 17. Jahrhundert hat Galileo Galilei die Gesetze der Pendelbewegung beschrieben.

Mentales Pendeln

Ein frei aufgehängtes Pendel zeigt keine Reaktion. Erst in der Hand eines Sensitiven beginnt es zu schwingen. So wird das mathematische Pendel durch die menschliche Hand zum siderischen Pendel.

Die physikalische Theorie mag für das Muten von Bodenschätzen und Wasser durchaus seine Berechtigung haben, die Hypothese versagt aber, wenn es um das Auspendeln unbewusster Inhalte geht. Für diese Art von Pendelbewegungen wurden bisher zahlreiche Erklärungsversuche unternommen. Auf der einen Seite werden sie dem Teil der moralischen Welt mit einer spirituellen Ursache zugeschrieben, die sich von Gott, dem Teufel oder auch dem Bewusstsein des Pendelnden ableitet. Auf der anderen Seite werden diese Pendelbewegungen dem Teil der materiellen Welt mit einer psychischen Ursache zugeordnet, die sich von »okkulten« Eigenschaften der Materie ableitet. Christopher Bird führt in »Die weissagende Hand oder das Mysterium Wünschelrute (1985)« dazu weiter aus: »Die Bewegung kann dadurch verstärkt werden, dass der Rutengänger oder Pendler außer dem Gerät entweder einen Stoff, der mit dem des gesuchten Objektes identisch ist, in den Händen hält oder einen Stoff, der von dem des gesuchten Objektes verschieden ist. Weil diese beiden Mittel, um die Bewegung des Gerätes zu verstärken, einander diametral entgegengesetzt sind, braucht man zu ihrer Erklärung eine mentale, nicht eine physikalische Ursache …«

Gott, Engel oder Teufel sollten wir als Verursacher ausschließen, denn hier geht es nicht um Glaubensfragen, sondern um ein durchaus irdisches Phänomen. Aber die mentale Theorie bietet sich als Erklärung an. Sie stellt die Intuition und den »sechsten Sinn« in den Mittelpunkt. Wer mit dem Pendel arbeitet, steht über sein Unbewusstes mit dem Fragethema oder dem gesuchten Gegenstand in Verbindung. Das Pendel – auch die Rute – sind nur »Anzeigegeräte« dessen, was der Mensch in der Lage ist, unbewusst aufzunehmen. Darum funktionieren diese beiden Geräte auch nur in Verbindung mit dem Menschen.

Wir sind eine Einheit aus Körper, Seele und Geist, keine austauschbare Ansammlung von Einzelteilen. Und die Tiefe und Weite unserer bewussten und unbewussten Ebenen haben wir noch nicht annähernd ausgelotet. Darum ist die Vorstellung, dass wir mit bestimmten Techniken in der Lage sind, Raum und Zeit zu überwinden, nicht absurd. Doch muss ich Sie hier vor dem Gebrauch des Pendels für okkulte Praktiken warnen. Menschen, die wirklich hellseherische Fähigkeiten haben, brauchen das Pendel nicht. Menschen, die diese Gabe nicht haben, geraten viel zu schnell in die Nähe des Selbstbetrugs.

Die Mutung oder das Muten sind Begriffe aus dem Bergbau, die die Erlaubnis des Finders eines Minerals auf Ausbeutung bedeuten. In der Radiästhesie werden diese Begriffe in übertragenem Sinne auf die Suche durch Rute oder Pendel angewendet.

Pendeln in der Esoterik

Esoterik bedeutet zunächst einmal nur »nach innen gerichtet«, und nach innen kann sich jeder Mensch richten. Esoterik hat aber auch den Geruch von Geheimlehren, Spiritismus und Okkultismus, in denen der zweifelhafte Gebrauch des Pendels üblich ist. Doch die moderne Esoterik, die die Weisheitslehren des Ostens und der alten Völker mit den Erkenntnissen der heutigen Psychologie verbindet, hat als oberstes Ziel die Selbsterkenntnis und Selbstverwirklichung des Menschen.

Das Pendel ist ein Instrument, das einem die Möglichkeit gibt, mit seinem Unbewussten in Kontakt zu treten und in bislang verborgene seelische Tiefen hinabzusteigen. Dadurch wiederum vermag man zu Erkenntnissen über die eigene Persönlichkeit zu gelangen. Doch auch hier ist wieder der Hinweis nötig, dass das Pendel nur anzeigen oder Fragen beantworten kann. Probleme kann es nicht lösen. Das bleibt immer noch dem Einzelnen selbst überlassen.

Wer kann pendeln?

Fast jeder Mensch kann pendeln. Der eine hat den Bezug dazu schneller hergestellt, der andere braucht eine gewisse Zeit der Übung. Grundsätzlich ist die Fähigkeit, dem Pendel eine sinnvolle Antwort zu entlocken, eine Frage der individuellen Sensitivität und hängt davon ab, wie gut man den Zugang zu seinen unbewussten Kräften und Informationen finden kann. Diese hat natürlich jeder Mensch, sie sind nur unterschiedlich stark verschüttet und müssen freigelegt werden, damit sie genutzt werden können.

Die radiästhetische Begabung gehört zu den psychischen Fähigkeiten wie beispielsweise auch das Hellsehen oder die Telepathie und wird häufig als »sechster Sinn« bezeichnet.

Eine wichtige Voraussetzung für das Pendeln ist die Fähigkeit, sich vollkommen zu entspannen, die Gedanken, die unablässig im Kopf kreisen, zur Ruhe zu bringen und sich auf eine tiefere Form der Wahrnehmung zu konzentrieren. Wer sein Gedächtnis, seine Konzentrationsfähigkeit und seine Sensitivität trainiert, wird das Pendel als hilfreiches Instrument in vielen Lebenslagen kennen lernen können. Natürlich gibt es auch Menschen, die von Natur aus schon eine besondere radiästhetische Begabung besitzen. Doch auch sie müssen ihren »sechsten Sinn« erst einmal üben.

Welche Kräfte lassen das Pendel schwingen?

Pendeln ist keine bewusste Handlung, sondern die Bewegung dieses frei schwingenden Gewichtes wird durch Mikrobewegungen der Fingermuskulatur hervorgerufen, die nicht willkürlich gesteuert werden. Unbewusste Kräfte sind dafür zuständig. Es gibt wie bereits erwähnt eine ganze Reihe Theorien über die Art dieser Kräfte, keine davon ist bisher auch nur annähernd bewiesen. Bekannt ist nur, dass sie da sind und mit Sinnen aufgenommen werden, die über die bekannten fünf Sinnesorgane Augen, Ohren, Nase, Zunge und Haut hinausgehen. Diese Kräfte verbinden alles miteinander, scheinen sogar Zeit und Raum zu überwinden und werden vom Unbewussten registriert.

Physikalische Kräfte und Strahlungskräfte

Eine große Anzahl der Pendelphänomene lässt sich mit der physikalischen Theorie erklären. Denn die neueste Forschung kann immer mehr die einzelnen Kraftfelder oder Ausstrahlungen der verschiedenen Materien nachweisen. Diese Strahlungskräfte können durch das Pendel angezeigt werden. Ferner scheint es einigen Forschern bereits ansatzweise gelungen zu sein, auch den Gedanken Strahlungskräfte zuzuschreiben. So wird angenommen, dass nicht nur sichtbare Materie Strahlung aussendet, sondern auch unsichtbare Energien, wie es beispielsweise Gedanken sind.

Das Unbewusste umfasst seelische Inhalte, die nicht unmittelbar erfahren werden. Sie liegen unter der Bewusstseinsschwelle. Es sind dies Erinnerungen, unbewusste seelische Prozesse und noch nicht bewusstseinsreife Ideen.

Kräfte aus dem Unbewussten

Ein kleiner Ausflug in die Strukturebenen des Bewusstseins kann Ihnen mit verdeutlichen, wie sich Ihr Bewusstsein die Arbeit des Lebens aufteilt.
Die bekannteste Ebene ist das Tagesbewusstsein, das über die fünf Sinne Eindrücke aufnimmt, sie verarbeitet, analysiert und anschließend in Handlungen umsetzt. Es erkennt eine rote Ampel und verursacht den rechtzeitigen Tritt auf die Bremse. Das Tagesbewusstsein hält uns in unserer Zivilisation überlebensfähig.
Die zweite Ebene, das Unbewusste, dessen Wahrnehmungsbereich viel feiner ist, verhält sich wie ein Kind, das noch keine Einschränkungen erfahren hat und keine Wertungen vornimmt. Es nimmt alles auf, freut sich an schönen Dingen, wird bockig, wenn ihm etwas gegen den Strich geht und hat das Staunen noch nicht verlernt. Dieses innere Kind ist es, das Sie mit dem Pendel befragen, von dem Sie Antwort über seine Wahrnehmungen haben wollen. Wenn Sie mit Ihrem inneren Kind auf gutem Fuß stehen, wird Ihnen dieses Frage- und Antwortspiel leicht fallen. Haben Sie Ihr inneres Kind lange Zeit eingesperrt und als kindisch und verspielt, unernst und eben nicht erwachsen abgetan, wird es nicht so leicht auf Ihre Aufforderung zur Kommunikation reagieren. Dann müssen Sie es zunächst locken, verlocken, loben und vor allem akzeptieren.
Neben dem inneren Kind, also dem unbewussten Bereich Ihrer Wahrnehmung, gibt es noch eine höhere Instanz, die ebenfalls weitgehend unbewusst ist, sich aber auf andere Weise bemerkbar macht. Dies ist die dritte Ebene,

nämlich das höhere Selbst, das über Ihren Lebensplan wacht. Von ihm bekommen Sie keine direkten Antworten, doch auch das höhere Selbst macht sich bemerkbar, wenn der Mensch sich gegen seine Führung stellt. Mit Zufällen zumeist, die ihn in die gewünschte Richtung schubsen. Daher stammt der Ausspruch: Wer sich nicht führen lässt, den zerrt das Schicksal eben. Und dieses Zerren kann bisweilen recht heftig ausfallen.

Das innere Kind ist die instinktive Seite des Menschen. Es steht für die Gefühle und die Intuition, aber auch für die Erinnerungen und Erfahrungen, die seit der Kindheit angesammelt wurden. Es kann als bildhafter Vergleich für das Unterbewusstsein betrachtet werden, der den Umgang mit diesem Bereich erleichtert.

Das innere Kind kann bei solchen Zufällen als Übersetzer dienen, wenn man es – zum Beispiel mit dem Pendel – nach dem Warum fragt.

Diese kleine Ausführung dient als Hinweis, womit Sie es zu tun haben, wenn Sie das Pendel in die Hand nehmen. Hier liegen die meisten Gründe verborgen, warum hin und wieder das Pendel keine Antwort gibt, sich gar nicht oder nur unsystematisch bewegt.

Das Pendel als Übersetzer

Das Pendel übersetzt also Informationen aus dem Unbewussten. Daraus ergeben sich im Wesentlichen drei Bereiche, zu denen Sie Zugriff haben.

Das Erste sind Erinnerungen an Handlungen, Erlebnisse und Wissen, die einmal bewusst waren und dann in die Tiefen des Vergessens abgetaucht sind. Dazu gehört das Wiederfinden verlorener Gegenstände oder verschollener Kenntnisse. Hier wird der Speicher des Unterbewusstseins aktiviert.

Das Zweite, auf das Sie zurückgreifen können, sind Wahrnehmungen, die unbewusst ablaufen oder abgelaufen sind, weil sie nicht über die bekannten Sinnesorgane aufgenommen werden. Hier spielen Kräfte, Strömungen und Strahlen eine Rolle, die es Ihnen ermöglichen, Wasser zu finden oder Störfelder in Ihrem Umfeld zu lokalisieren. Und der dritte Bereich sind Botschaften Ihres höheren Selbst, die Ihnen Hinweise und Erklärungen zu Ihren Motivationen und Gefühlen geben und letztendlich zur Selbstfindung beitragen. Darüber hinaus jedoch versagt das Pendel, denn es kann nur das wiedergeben, was auch vorhanden ist. Darum sollten Sie Abstand davon nehmen, Fragen zur Zukunftsdeutung zu stellen. Dazu eignen sich Orakel wie Tarot, I Ging oder Runen viel besser, denn sie werden vom »Zufall« bestimmt. Aber die drei anderen Bereiche sind schon umfassend genug, und die Beschäftigung mit ihnen kann eine ungemein spannende Entdeckungsreise ins Unbewusste werden.

Mentale Voraussetzungen

Bevor Sie nun mit dem Pendeln beginnen, ist es jedoch wichtig, durch gewisse Sensitivitäts- und Visualisierungsübungen den geeigneten Wahrnehmungszustand kennen zu lernen, der Ihnen den Kontakt zu Ihrem Unbewussten ermöglicht.

Sensitivitätstraining

Ebenso wie körperliche Fähigkeiten kann man die eigene Sensitivität trainieren. Beginnen Sie damit, dass Sie sich ganz bewusst entspannen. Für die ersten Übungen sollten Sie sich einen ruhigen Raum suchen, um nicht abgelenkt zu werden. Nach kurzer Übungszeit werden Sie in der Lage sein, auch unter widrigsten Bedingungen diese Übung zu absolvieren.

Setzen Sie sich bequem auf einen Stuhl, so dass Ihre Beine einen rechten Winkel bilden und beide Füße etwa schulterbreit auf dem Boden stehen. Ihre Wirbelsäule muss ebenfalls gerade sein und sollte die Rückenlehne nicht berühren. Lassen Sie dabei die Schultern nicht nach vorne hängen, sondern mehr nach hinten fallen. Dadurch wird der Brustkorb frei für den Fluss des Atems. Ihr Kopf ist aufrecht, weder nach hinten noch nach vorne gebeugt, und bildet die Verlängerung der Wirbelsäule. Verkrampfen Sie sich aber bei dieser Haltung nicht, denn dann kann der Atem – und mit ihm die Energie in Ihnen – nicht frei fließen. Diese Haltung ist auch für Anfänger die Grundhaltung beim Einsatz des Pendels, denn wichtig ist dabei, dass beide Füße fest auf dem Boden stehen und Kontakt zur Erde haben. Die Ergebnisse können unter Umständen verfälscht werden, wenn dieser Kontakt nicht gegeben ist. Schlagen Sie also bitte weder die Beine übereinander noch »wickeln« Sie sie gar um die Stuhlbeine.

Atmen Sie jetzt ein paar Mal tief durch, vorzugsweise in Zwerchfellatmung und nicht nur über den oberen Bereich der Lunge. Dabei fließt die Luft bis in den Bauch und wölbt ihn beim Einatmen. Wenn sich nur Ihre Brust hebt und senkt, atmen Sie noch falsch. Konzentrieren Sie sich auf einen Punkt an der gegenüberliegenden Wand, oder schließen Sie ganz einfach die Augen, und lauschen Sie Ihrem Atem. Wenn irgendwelche Tagesgedanken oder Probleme durch Ihren Kopf geistern, lassen Sie sie einfach vorbeiziehen, halten

Nach C.G. Jung unterscheidet man zwischen dem persönlichen und dem kollektiven Unbewussten. Das persönliche Unbewusste kann mit dem Unterbewusstsein gleichgesetzt werden. Das kollektive Unbewusste ist die geistige Erbmasse der Menschheitsentwicklung, mit der jeder Mensch geboren wird.

Sie sie nicht fest. Auch Geräusche nehmen Sie zwar wahr, aber Sie sortieren sie nicht ein. Bewerten Sie sie auch nicht, sondern lassen Sie sie einfach da sein. Versuchen Sie geistig eine völlig neutrale Haltung einzunehmen.
Diese kleine Übung ist nicht nur als Vorbereitung für das Pendeln nützlich, sondern hilft Ihnen auch, in Anspannungssituationen Ruhe in sich selbst zu finden und neue Kraft zu schöpfen. Darum können Sie sie zwischendurch immer mal wieder für ein paar Minuten durchführen.

Visualisierungstraining

Im Gegensatz zum Begriff »Sensibilität«, der gefühlsmäßige Empfindsamkeit bedeutet, wird der Begriff »Sensitivität« verwendet, wenn es um die Fähigkeit geht, für »außersinnliche« Wahrnehmungen offen zu sein. Diese Wahrnehmungen haben jedoch nichts mit dem in der Parapsychologie verwendeten Begriff der ASW (AußerSinnliche Wahrnehmung) zu tun, der sich auf Hellsehen und Telepathie bezieht.

Wenn Sie eine gewisse Übung darin haben, auf oben beschriebene Art und Weise »abzuschalten«, dann können Sie diese Übung um einfache Visualisierungsübungen erweitern. Wenn Sie nämlich später mit dem Pendel arbeiten, wird es notwendig sein, sich bei den jeweiligen Fragen gewisse Gegenstände, Personen oder Szenen ganz genau vorzustellen, um eine möglichst korrekte Antwort zu erhalten.
Visualisieren ist die Technik, sich durch geistige Konzentration etwas vorzustellen. Nicht jedem will das auf Anhieb gelingen, weil er vielleicht glaubt, er müsse bei geschlossenen Augen dabei so etwas wie einen inneren Bildschirm anschalten. Wenn Sie die Augen schließen, sehen Sie verständlicherweise erst einmal nur tiefe Schwärze. Doch wenn Sie jetzt an Ihren Liebsten oder Ihre Partnerin denken, dann entsteht etwas vor dem inneren Auge – nämlich ein Eindruck von der Person. Ähnliches machen Sie, wenn Sie jemand um eine Wegbeschreibung bittet. Auch da visualisieren Sie die Straße, die Abbiegung, die Ampel an der Ecke, so dass Sie schildern können, wie man zu dem gewünschten Platz kommt.
Also entspannen Sie sich, lassen Sie Ihre Tagesprobleme ruhen, und stellen Sie sich mit geschlossenen Augen beispielsweise eine Münze vor. Falls Ihnen das nicht sogleich gelingt, schauen Sie sich das Geldstück zuvor gut an und versuchen es noch einmal. Weiter können Sie eine bestimme Farbe intensiv betrachten und diese dann bei geschlossenen Augen visualisieren. Auch eine Fotografie können Sie zur Hand nehmen, sie genau anschauen und sich dann bei geschlossenen Augen jede Einzelheit des Bildes in Erinnerung rufen. Viele Gegenstände, Bilder oder Personen können Sie sich so vor Ihr inneres Auge rufen, um Ihre Visualisierungsfähigkeit zu trainieren.

Eine wichtige Voraussetzung für erfolgreiches Pendeln sind Entspannung und innere Konzentration. Versuchen Sie einmal, sich so auf eine Pflanze zu konzentrieren, dass Sie sie bei geschlossenen Augen vor Ihrem inneren Auge visualisieren können.

Wichtige Grundregeln

- Versuchen Sie mit Hilfe von weiteren Entspannungstechniken, die Sie kennen, sich in einen Zustand großer innerer Ruhe zu versetzen. Wehren Sie alle Wünsche und Sehnsüchte bewusst ab, damit Sie später aus einer ganz neutralen Haltung heraus die jeweiligen Fragen, die Sie an das Pendel haben, stellen können.
- Versuchen Sie sich auch in den Techniken wie Meditation oder Selbsthypnose. Denn damit wird es Ihnen erleichtert, die Grenzen des bewussten Ichs zu überschreiten.
- Suchen Sie sich einen ruhigen und angenehmen Arbeitsplatz, an dem Sie möglichst ungestört experimentieren und üben können.
- Vermeiden Sie nach Möglichkeit, vor Publikum zu pendeln, bis Sie sich Ihrer Sache ganz sicher sind.
- Falls Sie das Pendeln nicht als ausgebildete Radiästhetin oder ausgebildeter Radiästhet anwenden, sollten Sie vermeiden, Geld anzunehmen, wenn Sie für andere pendeln oder gependelt haben.

Jeder Zuschauer, besonders ein skeptischer oder auch nur schaulustiger, stört die geistige Konzentration des Pendelnden und damit dessen radiästhetische Arbeit.

Womit wird gependelt?

Grundsätzlich kann man mit fast allen Gegenständen pendeln, die einigermaßen rotationssymmetrisch und an einer frei beweglichen Aufhängung befestigt sind. Das kann sowohl ein runder Kieselstein am Bindfaden, eine Walnuss, ein Ring mit einer Spitze, ein tropfenförmiger Anhänger oder auch ein magisch aufgeladener Bergkristall an einer Goldkette sein. Trotzdem gibt es natürlich einige die Pendelarten betreffende Regeln, an die man sich, vor allem, wenn man noch keine gründliche Praxis im Pendeln erworben hat, möglichst halten sollte.

Verschiedene Pendelarten

Rotationssymmetrie ist gegeben, wenn sich der frei aufgehängte Körper gleichmäßig um seine Achse drehen kann – kurz, er darf nicht »eiern«.

In einigen magischen Traditionen hat die Art, das Material und die Aufhängung des Pendels eine besondere Bedeutung. Aber eigentlich ist das Gewicht, die Größe und die Form des Pendels nur abhängig von seinem Einsatzzweck. Wenn Sie im freien Gelände nach Wasser, Bodenschätzen oder etwas Verlorenem suchen, darf das Pendel nicht anfällig für die Luftbewegungen und auch für die Eigenbewegungen beim Gehen sein. Also ist es ratsam, zu solchen Zwecken ein schweres Metallpendel einzusetzen, das an einer soliden Kette hängt. Ein halbes Pfund Messing kann man eben nicht an einem kurzen und dünnen Nähgarn aufhängen. Wenn Sie aber beispielsweise über Karten oder Tabellen pendeln, ist ein leichtes Pendel mit einer ausgeprägten Spitze von Vorteil, da diese Art des Pendelns Millimeterarbeit sein kann.

Wenn Sie jedoch Fragen zu Ihrem Selbst stellen, dann kann es durchaus sinnvoll sein, ein Pendel zu verwenden, das eine sehr persönliche Beziehung zu Ihnen hat. Das könnte zum Beispiel ein Edelstein sein, der einen Bezug zu Ihrem Sternzeichen hat. Es werden in Esoterikläden oder in Mineralienhandlungen zum Teil überaus ästhetische, in Silber gefasste und geschliffene Pendel aus Edelsteinen und Kristallen angeboten. Wenn Sie ein persönliches Verhältnis zu Edelsteinen und ihren Kräften haben, dann wählen Sie ruhig ein solches Exemplar.

Insgesamt ist das Material, aus dem das Pendel besteht, verhältnismäßig gleichgültig. Es gibt ansprechende Pendel aus geschliffenem Glas oder Bleikristall in unterschiedlichen Größen. Auch Metallpendel in verschiedenen Formen und Materialien werden angeboten. Wichtig ist bei der Auswahl, dass Ihnen das Pendel gefällt. Denken Sie an das innere Kind, das vielleicht mit einem rosafarbenen Glastropfen viel lieber spielen würde als mit einem edel eingefassten Amethyst.

Natürlich gibt es Formen und Materialien, die besser geeignet sind als andere, doch letztendlich können Sie mit etwas Übung im Notfall mit fast allen schwingenden Materialien pendeln.

Herstellung eines Pendels

Es kann aber auch sein, dass Sie Ihr Pendel selbst herstellen möchten. Auch das ist natürlich möglich und hat sogar für den Anfang einen großen Vorteil. Denn je intensiver Sie sich mit dem Werkzeug zur Befragung Ihres Unbewussten beschäftigen, desto williger wird es anschließend auch seine Aufgabe erfüllen.

Sie können sich ein Pendel aus einem weichen Schnitzholz fertigen, aus Ton formen, sich einen schön geformten Stein oder auch einen kleinen Kiefernzapfen im Wald suchen. Alle Materialien sind möglich, solange sie einigermaßen rotationssymmetrisch sind. Die Aufhängung sollte natürlich dem Gewicht entsprechen: Ein hölzernes Pendel also kann an einem dünnen Faden hängen, während ein Pendel aus Stein besser von einer stabileren Metallkette gehalten wird.

Eine weitere, ganz einfache Möglichkeit besteht darin, dass Sie Ihren Schmuckkasten oder vielleicht auch den Ihres Partners oder Ihrer Partnerin einmal intensiv durchsuchen. Möglicherweise finden sich hierbei herz- oder tropfenförmige Anhänger aus Holz, Stein oder Metall, Ringe mit einem einzelnen Stein oder auch Ohrringe, die ebenfalls als Pendel dienen können. Wenn Sie diese Schmuckstücke lange und oft tragen, haben diese Schmuckpendel sogar einen ganz besonderen Bezug zu Ihnen.

Sie können sich ein Pendel kaufen oder es aus Gegenständen, die Ihnen am Herzen liegen, selbst bauen.

Mein Lieblingspendel zum Beispiel entspricht keiner vorgeschriebenen Norm, es ist eigentlich zu leicht, nicht sonderlich rund und hängt auch noch an einem Goldkettchen. Es ist eine kleine rosa Barockperle, die ich fast täglich trage, und sie antwortet mir bislang noch immer am zuverlässigsten.

Während sich ein schweres Pendel für die Arbeiten im Freien besser eignet, da es stabiler ist, kann für die Arbeiten in Räumen ein leichteres Pendel hergenommen werden, denn es erlaubt längeres Arbeiten, ohne die Hand zu ermüden.

Wenn Sie keine Lust zum Basteln haben, Ihr Schmuckkästchen nichts Brauchbares zum Pendeln hergibt und Sie auch so schnell nicht in ein Fachgeschäft kommen, aber eine dringende Frage an das Pendel haben, dann können Sie natürlich mit allem möglichen anderen »Krimskrams« pendeln. Zum Beispiel mit Ihrem Haustürschlüssel oder Ihrem Ehering, mit einem Knopf am Faden, einer Büroklammer, mit einem durchstochenen Radiergummi oder Korken, sogar mit einem fest zusammengedrückten Knäuelchen Alufolie. Wenn Sie erst etwas Übung in der Benutzung des Pendels haben, wird Ihnen das Werkzeug gleichgültig sein.

Zum Üben am Beginn Ihrer »Pendelausbildung« jedoch gilt, dass das Pendel Ihnen in erster Linie gefallen muss. Doch beginnen Sie möglichst nicht gleich mit einem schweren Geländependel, denn das ermüdet die haltende Hand ziemlich rasch.

Edelsteinpendel nach Sternzeichen

Falls Sie mit einem Edelsteinpendel gemäß Ihres Sternzeichens arbeiten wollen, finden Sie hier eine kleine Zuordnungstabelle.
Wenn Sie sich für ein Edelsteinpendel entschieden haben, sollten Sie sich vor der Pendelarbeit ein wenig mit dem Kristall auseinander setzen. Edelsteine haben eine eigene Energie, die einerseits durch ihre Farbe, andererseits durch ihre Kristallstruktur wirkt. Sie werden in der Edelsteinmedizin eingesetzt, um die Energie im Körper zu harmonisieren. Doch sie sind auch empfindlich gegenüber den Schwingungen, die sie aufnehmen. Bedenken Sie beim Einsatz eines Kristallpendels, dass der Stein einen schmerzhaften Weg hinter sich hat. Er wurde aus seiner Lagerstätte gebrochen, transportiert, geschliffen und ging durch viele Hände, bis er zu Ihnen gefunden hat. Er ist nicht nur physisch verschmutzt und verstaubt, sondern auch seine Eigenenergie hat gelitten. Gönnen Sie Ihrem Stein also eine gründliche Reinigung, bevor Sie ihn einsetzen. Legen Sie ihn einige Tage in klares Wasser, und lassen Sie das Licht der Sonne oder des Mondes auf ihn scheinen.

Besonders wenn Sie das Pendel zur Selbstbefragung einsetzen, sollten Sie einen persönlichen Bezug zum Pendel herstellen und eventuell ein Pendel passend zu Ihrem Sternzeichen benutzen.

Tierkreiszeichen	Farbe	Edelsteine und Kristalle
Widder	Rot	roter Jaspis, Karneol, Rubin
Stier	Grün	Smaragd, grüner Turmalin, Malachit
Zwilling	Gelb	Topas, Zitrin, Beryll, Bernstein
Krebs	Silber	Mondstein, Perlen, weiße Jade, Chalzedon
Löwe	Orange	Goldquarz, Tigerauge, Diamant
Jungfrau	Blau	Amethyst, Saphir, Achat
Waage	Pastellfarben	Rosenquarz, Jade, Opal, Rauchquarz
Skorpion	Braun	Obsidian, Blutjaspis, Granat
Schütze	Purpur	Lapislazuli, dunkler Amethyst
Steinbock	Schwarz	Onyx, Gagat, schwarzer Opal
Wassermann	Transparent	Bergkristall, Fluorit, Aquamarin
Fische	Blaugrün	Türkis, Jade, Koralle und Perlen

Die Aufhängung

Woran das Pendel hängt, ist wie bereits angedeutet von seinem jeweiligen Einsatz und seinem Gewicht abhängig. Leichte Pendelkörper können an einem dünnen Faden hängen, an Seide, Nähgarn oder an Wollfäden. Achten Sie aber darauf, dass diese Fäden sich nicht verdrehen, sonst beeinflusst die Torsionsbewegung den Pendelausschlag.

Zu leicht sollte Ihr Pendel nicht sein, da es sonst zu schnell in Bewegung gerät und eventuell falsche Ergebnisse liefert. Das Idealgewicht eines Pendels liegt bei 30 bis 40 Gramm.

Ganz leichte Pendel können Sie, um einen sehr persönlichen Kontakt herzustellen, auch an einem eigenen Haar aufhängen, sofern Sie mindestens eine Haarlänge von 20 Zentimetern haben. Schwere Pendel gehören an die Kette. Das ist auch einsichtig, denn wenn während der Mutung ständig die Aufhängung reißt, unterbricht das sehr stark die Konzentration der Arbeit. Es müssen keine Edelmetallketten sein. In Baumärkten erhalten Sie Metallketten jeder Stärke vom laufenden Meter, die ebenso für die Aufhängung des Pendels geeignet sind. Sie können auch Angelschnur oder Küchengarn verwenden. Als völlig ungeeignet hat sich Nylongarn erwiesen, obwohl es dünn und sehr tragfähig ist. Leider hat es die Angewohnheit, Knickstellen zu bekommen, die dann die freie Bewegung des Pendels stark beeinflussen.

Auch bei der Aufhängung des Pendels haben Sie Wahlmöglichkeiten. Je nach Geschmack können Sie u. a. Leder, Gold, Silber, Perlen oder Schnur verwenden.

Behandlung und Aufbewahrung

Viel wird in den Büchern, die das Pendeln mit dem Hauch des Geheimnisvollen umgeben wollen, darüber gesagt, wie man sein Pendel aufbewahren soll. Es heißt dort, man dürfe es nicht verleihen, kein Fremder sollte es berühren, und es müsse nach jeder Benutzung magisch gereinigt werden. Sie können das gerne so halten, notwendig ist es jedoch nicht. Wenn Sie aber ein Edelsteinpendel haben, sollten Sie es so handhaben, wie Sie Ihre anderen Steine und Kristalle auch behandeln, und es hin und wieder energetisch reinigen. Ansonsten behandeln Sie das Pendel wie jedes gute Werkzeug mit Achtung. Bewahren Sie Ihr Pendel dort auf, wo Sie es leicht wiederfinden; es gibt wohl keine unsinnigere Anwendung, als erst mit einem anderen Pendel die Suche nach dem eigentlichen Gerät zu starten. Wenn möglich, bewahren Sie es am Anfang ganz nahe an Ihrem Körper auf, entweder als Anhänger um den Hals, an einem Armband oder auch in der Tasche. Eine Ausnahme gibt es allerdings. Wenn Sie über Störfeldern oder kranken Körpern gependelt haben, dann sollten Sie anschließend Ihr Pendel unter fließendem Wasser abspülen, um eventuell anhaftende negative Schwingungsreste zu beseitigen.

Sobald Sie Ihr Pendel hergestellt oder Sie sich ein geeignetes ausgesucht haben, sollten Sie es möglichst stets bei sich tragen, damit es Ihre Schwingungen aufnehmen und dadurch noch besser funktionieren kann.

Erprobung der eigenen Pendelfähigkeit

Nun haben Sie sich vielleicht bereits ein Pendel selbst hergestellt oder sich ein passendes ausgesucht. Machen Sie jetzt einfach mal folgende Übung, um festzustellen, wie es um Ihr Pendelpotenzial bestellt ist.

Nehmen Sie das Pendel an der Aufhängung in die linke Hand zwischen Zeigefinger und Daumen, so dass es frei etwa 12 bis 15 Zentimeter schwingt. Legen Sie den rechten Unterarm so auf eine Unterlage, dass die Handinnenseite nach oben zeigt. Halten Sie das Pendel über den Unterarm, und fragen Sie es, in welche Richtung das Blut fließt.

Nach kurzer Zeit sollte das Pendel zwischen Hand und Ellenbogen schwingen. Wenn es das tut, haben Sie schon einmal recht gute Voraussetzungen, Ihr Pendel auch zu anderen Zwecken einzusetzen. Trotzdem sollten Sie, um gute Ergebnisse zu erzielen, beständig und regelmäßig daran arbeiten, Ihre Sensitivität zu erhöhen.

Wie wird gependelt?

Obwohl das Pendeln sehr individuell ist und jeder erfahrene Pendler im Laufe der Zeit mehr oder weniger seine eigene Technik entwickelt, sind doch einige Hinweise nützlich, die der Anfängerin und dem Anfänger den Einstieg erleichtern. Bevor Sie nun mit dem Pendeln beginnen, nehmen Sie zunächst einmal einige Bogen weißes, unbeschriebenes Papier und einen Bleistift zur Hand. Das weiße Papier legen Sie vor sich auf den Tisch. Es verhindert, dass Ihre Augen von der Musterung der Unterlage abgelenkt werden. Den Bleistift benötigen Sie später, um auf diesem Papier die gefundenen Pendelbewegungen aufzuzeichnen. Und nun setzen Sie sich in die zuvor beschriebene Entspannungshaltung mit beiden Füßen am Boden und geradem Rücken.

Verschiedene Pendeltechniken

Es gibt verschiedene Möglichkeiten, wie Sie jetzt das Pendel zur Hand nehmen können. Probieren Sie aus, was Ihnen am bequemsten ist. Dabei müssen Sie im Wesentlichen darauf achten, dass das Pendel wirklich frei nach allen Seiten schwingen kann, also nicht irgendwo an der Handfläche oder an einem Ihrer Finger anstößt. Außerdem muss Ihre Hand ganz ruhig sein und darf nicht vor Anstrengung oder Verkrampfung anfangen zu zittern.

Sie können auch mit mehreren verschiedenen Pendeln experimentieren, um herauszufinden, welches Modell zu welcher Gelegenheit die besten Resultate erbringt.

Die Pendelhaltung

Welche Pendelhaltungen sind möglich? Sie können zum Beispiel am Ende von Kette oder Faden eine Schlaufe machen und diese über den Zeigefinger streifen. Dabei kann die Hand nach oben oder unten gebeugt sein. Bei einer sehr langen Aufhängung können Sie den Faden um Ringfinger und kleinen Finger schlingen und mit Daumen und Zeigefinger fassen. Nicht zuletzt ist auch eine Haltung zwischen Daumen und Mittelfinger möglich. Probieren Sie aus, wie Sie das Pendel so ruhig wie möglich halten können, damit kein

Zittern die Bewegungen verfälscht. Versuchen Sie auch einmal, das Pendel in der linken Hand zu halten.

Praktikabel hat sich für mich erwiesen, die Aufhängung, Kette oder Faden, zwischen Daumen und Zeigefinger zu fassen, so dass das Pendel etwa 12 bis 15 Zentimeter frei herunterhängt. Je länger die Aufhängung ist, desto größer ist später der Pendelschwung, aber dadurch ist die Bewegung auch anfälliger gegen Umwelteinflüsse. Ist die Kette oder der Faden zu kurz, können die Bewegungen zu klein und damit zu ungenau werden. Es ist ein wenig Erfahrungssache, wie lang jeder selbst die Aufhängung für sich wählt, Sie werden es nach ein paar Übungen selbst wissen. Wenn Sie die ideale Länge herausgefunden haben, machen Sie dort einen Knoten in den Faden oder ziehen Sie eine kleine Perle auf, damit Sie die Stelle schnell wieder finden. Hiermit mag sich die Notwendigkeit der »magischen« Knoten erklären.

Um den pendelnden Arm ruhig zu halten, können Sie den Ellenbogen auf die Tischplatte aufstützen. Knicken Sie das Handgelenk nicht allzu weit ab, sondern versuchen Sie es einigermaßen gerade zu halten. Wenn nötig, stützen Sie mit der anderen Hand das Handgelenk ab. Atmen Sie ein paar Mal tief ein, und versuchen Sie dann, das Pendel völlig unbeweglich zu halten.

Magische Knoten brauchen Sie übrigens nicht in die Aufhängung hineinzuarbeiten, auch wenn einige Radiästheten dies empfehlen oder für notwendig erachten.
Statt das Pendel zwischen Daumen und Zeigefinger zu halten, können Sie es auch mit einer Schlaufe über einen Finger hängen.

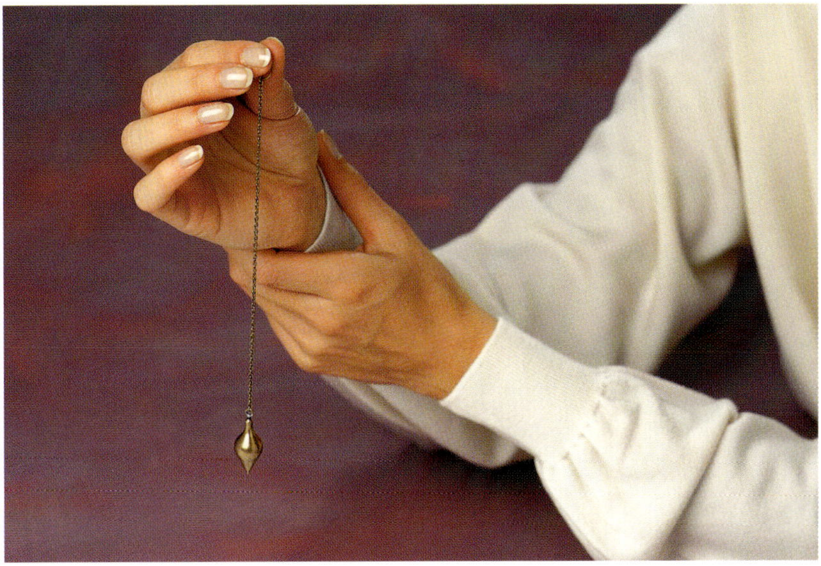

Versuchen Sie, das Handgelenk nicht abzuknicken. Sie können auch die andere Hand zu Hilfe nehmen.

Die Pendelbewegungen

Um ein Gespür für die Bewegungen des Pendels zu bekommen, versetzen Sie es jetzt einmal bewusst und willentlich in die folgend abgebildeten vier Bewegungen:

- Nord-Süd-Richtung
- Ost-West-Richtung
- Kreisen im Uhrzeigersinn
- Kreisen gegen den Uhrzeigersinn

Versetzen Sie selbst das Pendel in Schwingungen, so spricht man von »aktivem« Pendeln. Beginnt das Pendel von der Ruhestellung aus, sich selbst in eine Richtung zu bewegen, so handelt es sich um »passives« Pendeln.

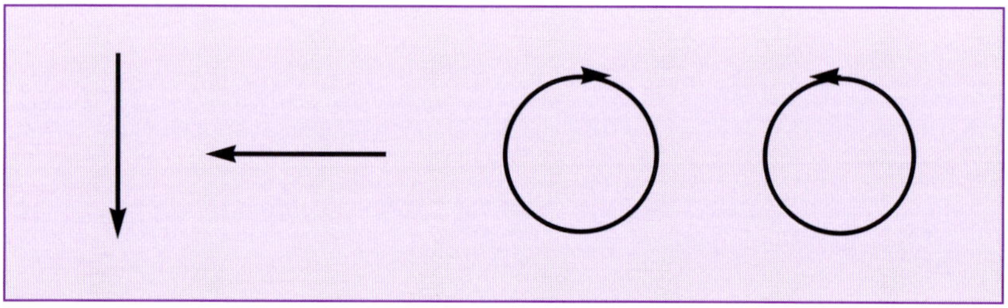

Danach lassen Sie das Pendel für sich arbeiten. Dazu müssen Sie eine Vereinbarung mit ihm treffen. Halten Sie Ihr Pendel über die vier aufgeführten Figuren, und beobachten Sie die Bewegung.

Damit Sie die Pendelbewegungen nicht mit den Augen beeinflussen, fixieren Sie zu Anfang einen Punkt in der Ferne. Später können Sie einfach die Augen schließen.

Von den Linien und Kreisen geht eine große motorische Kraft aus, die durchaus die Bewegung des Pendels beeinflusst, wenn Sie sie bewusst wahrnehmen. Ihre Augenbewegungen folgen der gedruckten Figur, und gleichzeitig bewegt sich das Pendel in genau diese Richtung. Darum sollten Sie bei der Befragung das periphere Sehen mit üben. Das heißt, Sie stellen Ihre Augen auf »Weitsehen«, auf einen fernen Punkt unter dem Pendel, so dass das Pendel selbst beinahe aus Ihrem Blick verschwindet und der Untergrund verschwimmt. Sie können natürlich auch kurz die Augen schließen und sie erst dann wieder öffnen, wenn Sie merken, dass sich das Pendel bewegt.

Als nächste Übung versuchen Sie einmal, das schwingende Pendel in die Ruhestellung zurückzubringen, ohne dass Sie es berühren. Sie können natürlich auch versuchen, Richtungsänderungen willentlich herbeizuführen oder den Ausschlag und die Geschwindigkeit zu verändern.

Diese mentalen Übungen sollen Ihnen deutlich machen, wie stark Ihre Gedanken und Ihr Wille die Bewegungen des Pendels beeinflussen können. Wichtig ist, dass Sie sich beim Pendeln nicht auf das Gerät konzentrieren und vor allem Ihre Gedanken ruhen lassen. Das alles hört sich vielleicht kompliziert an, doch wenn Sie mit Neugier und Spaß an das Pendeln gehen, wird sich über kurz oder lang der Erfolg einstellen.

Da Ihre Augenbewegungen die Bewegungen Ihres Pendels beeinflussen, sollten Sie Ihr Pendel nicht fixieren, sondern entweder die Augen schließen oder sie auf einen fernen Punkt richten.

Das Einstimmen des Pendels

Legen Sie ein leeres Blatt Papier unter das Pendel, und stellen Sie eine Frage, auf die es nur eine klare Antwort gibt: JA! Das könnte zum Beispiel die Frage sein: »Heiße ich ... ? (Ihr Name)«.

Dann warten Sie, wie sich das Pendel verhält. Es kann eine Weile dauern, bis es sich in kleine Schwingungen versetzt. Die können zunächst ziemlich chaotisch sein, aber irgendwann ergibt sich eine eindeutige Bewegung – ein Hin und Her oder eine Kreisbewegung. Notieren Sie diese Bewegung als die Antwort JA.

Wenn sich überhaupt nichts getan hat, prüfen Sie noch einmal Ihre Haltung. Sind beide Füße am Boden? Ist Ihre Wirbelsäule gerade, Ihr Körper entspannt und Ihr Geist ruhig? Ist die Aufhängung lang genug? Schwingt das Pendel wirklich frei? Nichts stört das innere Kind so sehr, als wenn der äußere Mensch sich verkrampft und verbissen auf eine Leistung konzentriert oder wenn er es gar mit herben Worten zur Antwort zwingen will. Denken Sie daran, Sie wollen spielerisch lernen, mit dem Pendel zu kommunizieren.

Hat das Pendel Ihnen eine klare Antwort gegeben, etwa einen Nord-Süd-Ausschlag in Form einer Strichung, dann halten Sie es an und machen die Gegenprobe. Stellen Sie eine Frage, auf die es nur ein klares NEIN als Antwort gibt. Zum Beispiel: »Heiße ich Brunhilde?«, natürlich nur, sofern Sie nicht zufällig wirklich Brunhilde heißen.

In der Regel wird Ihr Pendel bewegungslos sein, bevor Sie eine Frage stellen. Arbeiten Sie jedoch mit einem schweren und daher etwas trägeren Pendel, können Sie es auch leicht anstoßen, damit es sich besser in Bewegung setzt.

Das Pendel wird Ihnen nun seine verneinende Bewegung zeigen. Notieren Sie auch diese Bewegung als NEIN. Und dann üben Sie. Nur durch Üben bekommen Sie Sicherheit im Umgang und in der Deutung der Pendelbewegung. Stellen Sie triviale Fragen, bei denen Sie die Antwort kennen, und machen Sie immer wieder die Gegenprobe.

Es muss übrigens nicht eine Strichung sein, die als Antwort erscheint. Auch Kreise rechts oder links können JA und NEIN bedeuten. Diese Bewegungen sind individuell und können bei jedem Menschen ganz unterschiedlich ausfallen.

Eine andere, beinahe unfehlbare Übung, um eine positive und eine negative Aussage zu bekommen, ist das Pendeln über einer Batterie. Nehmen Sie eine einfache, unbenutzte Haushaltsbatterie, und legen Sie sie vor sich auf den Tisch. Halten Sie das Pendel über den Pluspol, und warten Sie auf die dann auftretende Bewegung. Notieren Sie sie als JA oder POSITIV. Halten Sie dann das Pendel über den Minuspol. Den dort auftretenden Ausschlag des Pendels notieren Sie als NEIN oder NEGATIV.

Wenn sich überhaupt nichts tut und das Pendel die Zusammenarbeit mit Ihnen verweigert, indem es sich nicht bewegt, können Sie es auch damit versuchen, dass Sie ihm die Bewegung vorgeben. Denken Sie immer daran, es ist das innere Kind, das aus seiner Verbannung hervorgelockt werden muss.

Halten Sie das Pendel ruhig, und sprechen Sie mit ihm, so als müssten Sie es sanft überreden. Geben Sie ihm dann für JA eine leichte Nord-Süd-Schwingung vor und für NEIN die Ost-West-Schwingung.

Bei dieser Einstimmungsübung können Sie zur Unterstützung auf das Blatt Papier ein großes Kreuz zeichnen und die senkrechte Linie mit JA, die waagerechte Linie mit NEIN bezeichnen.

Stoffproben und Sympathiemuster

Wenn Sie das Pendel einsetzen, um Gegenstände zu suchen oder um Fragen über einen bestimmten Stoff oder eine Person zu stellen, kann es Ihnen sehr helfen, wenn Sie beim Pendeln selbst eine Stoffprobe in der Hand halten, die in irgendeiner Form in Verbindung mit der von Ihnen gestellten Frage steht. Einerseits hilft Ihnen diese Stoffprobe, Ihre Gedanken konzentriert bei der Sache zu halten, andererseits ist es natürlich auch so, dass alles, was jemals zusammengehört hat, auch weiterhin auf einer feinstofflichen Schwingungsebene miteinander in Verbindung steht. Man nennt diese Verbindung auch Sympathiemuster. Ihr Unbewusstes hat Zugang zu diesen Schwingungen und kann demzufolge sehr viel leichter die Spuren suchen.
Stoffproben können verschiedenster Art sein. Wenn Sie zum Beispiel Wasser suchen, können Sie ein Fläschchen Wasser in einer Hand halten.
Wenn Sie einen verlorenen Ohrring oder Manschettenknopf suchen, gibt es vielleicht ein Pendant dazu. Weiter können Sie auch das Schmuckkästchen, in dem Sie gewöhnlich diesen Ohrring oder Manschettenknopf aufbewahrt haben, mit auf den Tisch stellen. Wenn Sie beispielsweise Fragen zu Personen haben, ist eine Fotografie, eine Handschriftenprobe, eine Haarsträhne

Die Stoffprobe ist etwas, das zwar in bestimmten, jedoch nicht in allen Eigenschaften mit dem gesuchten Objekt übereinstimmt. Auch eine Fotografie gilt als Stoffprobe.

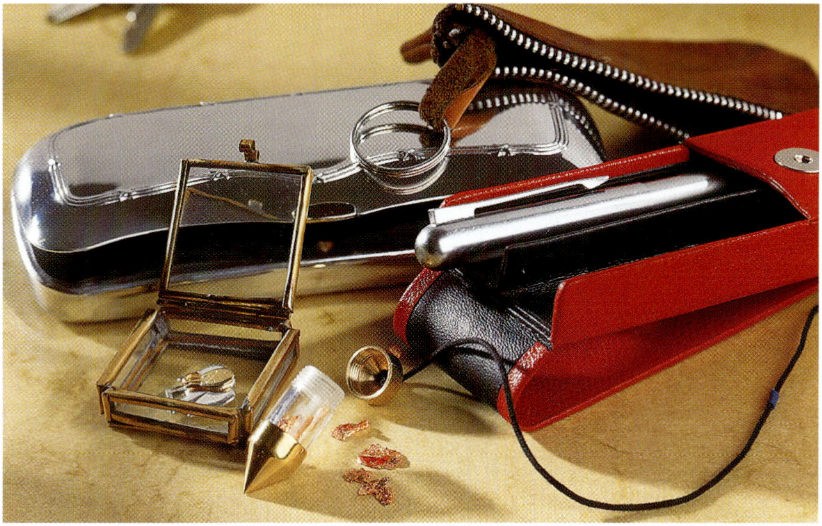

Stoffproben erleichtern Ihnen die Suche. Es gibt sogar Pendel, in die man eine kleine Stoffprobe geben kann.

oder ein Gegenstand, der lange im Besitz dieser Person war, das geeignete Verbindungsglied.

Es gibt sogar Pendel, in die man gewisse Stoffproben einfüllen kann. Dies kann zum Beispiel gerade bei der Suche nach Erzen oder ähnlichen Stoffen von großem Nutzen sein.

Stoffproben helfen und unterstützen sehr stark die Arbeit mit dem Pendel. Aber manchmal kommt es eben vor, dass man nichts zur Hand hat, das ein solches Sympathiemuster herstellen kann. Insgesamt gilt: Es ist zwar sehr nützlich, eine Stoffprobe einzusetzen, doch es ist nicht zwingend notwendig. Fehlt eine Stoffprobe, so müssen Sie verstärkt Ihre Imagination einsetzen und sich Gegenstand oder Person intensiv vorstellen. Dabei kann es hilfreich für Sie sein, wenn Sie eine kleine Skizze machen oder auch Namen und einige Daten aufschreiben. Dadurch wird Ihre Konzentration besser gelenkt und die Visualisierung erleichtert.

Wer als Radiästhet eine gute Visualisierungsfähigkeit besitzt, kann sogar auf die Stoffprobe verzichten. Andererseits wird die Wirkung einer Stoffprobe durch die Visualisierung unterstützt.

Ruhestellung und Geschwindigkeit

Die Bewegungslosigkeit des Pendels gilt im Allgemeinen als Ausgangsstellung. Doch Sie können auch für sich eine bestimmte, vorher festgelegte Bewegung als Ausgangsposition wählen.

Von manchen Radiästheten wird empfohlen, die Ausschlagsserien des Pendels zu notieren und daraus Rückschlüsse etwa über das gemutete Objekt zu ziehen. Schlägt das Pendel fünf- oder siebenmal aus, soll es sich beispielsweise um Kupfer handeln. Doch diese Aussagen sind sicher mehr Erfahrungssache des einzelnen Pendlers oder Rutengängers als verbindliche Maßzahlen. Abgesehen davon erscheint es höchst schwierig, sowohl peripheres Sehen, geistige Ruhe, Visualisierung des gesuchten Objektes als auch das Mitzählen der Pendelausschläge gleichzeitig zuwege zu bringen. Man findet, was man sucht – auf die Fragestellung kommt es an, und da genügt es, wenn das Pendel eine positive Reaktion auf die Frage nach Wasser, Kupfer oder andere Materialien anzeigt.

Sie haben jetzt gesehen und gefühlt, zu welchen Bewegungen das Pendel in der Lage ist. Um herauszufinden, welche Bedeutung sie haben, müssen Sie eine Vereinbarung zwischen dem inneren Kind und sich treffen. Dazu wird das Pendel über bestimmte Befragungstechniken eingestimmt.

Störungen und Fehler

Vor allem zu Beginn Ihrer Pendelpraxis werden Sie vermutlich von einigen Antworten, die Ihnen Ihr Pendel gibt, irritiert sein. Es kann vorkommen, dass Ihr Pendel sich zwar bewegt, aber sich nicht eindeutig einstimmen lässt und zwischendurch immer wieder eigenartige Bewegungen macht, die Sie nicht deuten können. Prüfen Sie in diesem Fall folgende Störgrößen:

- Ist die Hand, in der Sie das Pendel halten, Ihre sensitive Hand? Wenn Sie Rechtshänder sind, werden Sie automatisch die Rechte genommen haben, um das Pendel zu halten. Versuchen Sie es ruhig auch einmal mit der linken Hand.

- Wenn Sie eine batteriebetriebene Uhr tragen, kann das die feinstofflichen Schwingungen beeinflussen. Legen Sie die Uhr zum Pendeln stets ab. Wenn nötig, entfernen Sie auch sonstigen Metallschmuck.

- Läuft in Ihrer Nähe ein elektrisches Gerät? Schalten Sie es aus, oder suchen Sie zum Pendeln einen anderen Platz auf.

- Oder ganz profan: Gibt es irgendwelche Luftströmungen, die die Bewegungen des Pendels beeinflussen? Schließen Sie eventuell geöffnete Türen oder Fenster, bevor Sie pendeln.

- Es kann auch sein, dass Sie das Pendel zu kurz oder zu lang fassen. Probieren Sie unterschiedliche Faden- oder Kettenlängen aus.

- Auch Ihre Gedanken beeinflussen die Bewegungen, vor allem, wenn Sie die Antwort schon kennen oder zu kennen meinen. Bemühen Sie sich stets um eine geistig neutrale Haltung.

- Dass Ihre Augenbewegungen das Pendel beeinflussen können, konnten Sie ja bereits bei dem anfänglichen Test auf Seite 26/27 erleben. Versuchen Sie einen Punkt hinter dem Pendel zu fixieren.

Haben Sie alle Störfaktoren ausgeschaltet und bekommen dennoch keine Resultate, müssen Sie die Pendelsitzung vertagen. Vielleicht haben Sie derzeit nicht den richtigen Wahrnehmungszustand für die Kommunikation mit Ihrem Unbewussten.

Die Befragungstechniken

Sie kennen jetzt schon ein wenig die verschiedenen Bewegungsmöglichkeiten Ihres Pendels. Im Weiteren wird es darauf ankommen, die Bedeutung der einzelnen Bewegungen festzulegen. Das heißt, dass Sie diese Bedeutung mit Ihrem Pendel vereinbaren müssen. Sie sollten also festlegen, welche Bewegungsfigur für Sie immer JA, welche NEIN und welche VIELLEICHT oder auch ICH WEISS NICHT bedeutet. Wichtig bei allen Bereichen, die mit dem Pendel abgefragt werden, ist in diesem Zusammenhang auch die exakte Fragestellung.

Bedeutung der exakten Fragestellung

Haben Sie Ihre Fragen ungenau oder ungeschickt formuliert, so ist es einleuchtend, dass Ihr Unbewusstes auch keine klare Antwort darauf geben kann.

In der Tat findet man immer das, wonach man sucht. Haben Sie Ihre Frage ganz exakt formuliert und wird Ihre Konzentration nicht durch andere Gedanken gestört, so werden alle anderen Wahrnehmungen ausgeblendet. Auf diese Weise schlägt Ihr Pendel beispielsweise auch bei der Wasserleitung aus, obwohl gleichzeitig ein Elektrokabel an der gleichen Stelle in der Wand liegt. Denn Sie haben ja nach der Wasserleitung gesucht.
Diese Tatsache gilt sowohl für den Bereich, in dem das Unbewusste Informationen aufnimmt und speichert, die nicht über den Weg des Bewusstseins laufen, als auch für die Befragung des Unbewussten nach dem eigenen Charakter und der eigenen Entwicklung. Gerade hier wird es sogar noch wichtiger, sich diese Tatsache vor Augen zu halten und die Fragen möglichst exakt zu formulieren. Denn Sie unterhalten sich in diesem Bereich mit Ihrem inneren Kind über sich selbst, und zwischen Ihrem Unbewussten und Ihnen kann in diesem Fall leider der Selbstbetrug stehen.

Die Ja-Nein-Fragestellung

Zunächst wollen wir uns der Ja-Nein-Fragestellung zuwenden, mit deren Hilfe Sie auf fast alle Fragen zu den unterschiedlichsten Themen Antworten erhalten können. Dabei kommt es aber ein wenig auf die Fragetechnik an.
Stellen Sie Ihrem Pendel die Frage: »Werden wir morgen gutes Wetter haben?« Wenn Ihr Pendel Ihnen gehorcht, wird es Ihnen anzeigen WEISS ICH NICHT, was es durch den Stillstand der Bewegung sagt. Oder es gibt Ihnen

ein VIELLEICHT an, was durch eine andere als die JA- oder NEIN-Bewegung geschieht.
Das Problem liegt in der Frage, nicht in Ihrer Fähigkeit zu pendeln. Denn woher soll das Pendel wissen, was gutes Wetter ist. Gutes Wetter kann nach einer Trockenperiode auch ein Regenguss sein.
»Scheint morgen die Sonne?« Diese Frage ist schon besser, auf sie werden Sie irgendeine Antwort bekommen. Denn irgendwo und irgendwann wird morgen schon einmal die Sonne scheinen.
»Scheint morgen nachmittag hier die Sonne?« Diese Frage ist präziser und wird auch eine präzise Antwort erbringen.
Vergessen Sie auch nicht, am kommenden Tag das Ergebnis zu prüfen.
Dieses Beispiel zeigt zweierlei: Es ist möglich, eine Wetterprognose mit dem Pendel abzugeben. Warum auch nicht? Viele Menschen brauchen dafür noch nicht einmal ein Pendel, sondern sind wetterfühlig genug, um die meteorologischen Entwicklungen schon an der eigenen körperlichen Befindlichkeit abzulesen. Zweitens aber zeigt Ihnen dieses Beispiel auch, dass Sie konkrete Fragen stellen müssen, um konkrete Antworten zu bekommen.

Das Pendel wird mit eindeutigen Ja-Nein-Fragen justiert. Bedenken Sie jedoch, dass die Pendelbewegungen für JA und NEIN bei jedem Menschen anders ausfallen können.

Spielerische Übungen

Pendeln ist natürlich kein Gesellschaftsspiel, das man zum Beweis seiner Fähigkeiten und zur Belustigung anderer spielt. Aber um Ihre eigenen Fähigkeiten besser kennen zu lernen und um gleichzeitig Ihre Sensitivität zu trainieren, können Sie nachfolgende spielerische Übungen zu gewissen Themen machen, durch die das Pendeln später das tägliche Leben ein wenig erleichtern kann. Des Weiteren können Sie mit diesen Übungen auch das Einstimmen Ihres Pendels überprüfen und sich in der Anwendung der verschiedenen Befragungstechniken üben.

Spielerische Übung: Herz-As finden

Nehmen Sie einen Satz Spielkarten, und ziehen Sie die vier Asse heraus. Mischen Sie diese vier Karten, und legen Sie sie verdeckt in einer Reihe vor sich hin. Nehmen Sie jetzt Ihr Pendel zur Hand, und versuchen Sie mit der Ja-Nein-Frage das Herz-As herauszufinden. Dazu halten Sie das Pendel der Reihe nach über jeden einzelnen Kartenrücken und fragen: »Ist diese Karte das Herz-As?« Machen Sie die Probe mehrfach. Dann decken Sie die Karte auf. Seien Sie aber nicht enttäuscht, wenn es beim ersten Mal nicht auf Anhieb klappt – Sie üben ja noch.

Sie erinnern sich: Visualisieren ist die Technik, sich durch geistige Konzentration etwas bildlich ganz genau vorzustellen. Trainieren Sie diese Technik, indem Sie sich immer wieder bekannte Gegenstände vor Ihr inneres Auge rufen.

Spielerische Übung: Salzwasser finden

Füllen Sie drei identische Gefäße gleich hoch mit Wasser, und geben Sie in eines davon so viel Salz, dass Sie es deutlich schmecken. Dann vertauschen Sie die Gefäße so lange, bis Sie nicht mehr wissen, in welchem sich das Salzwasser befindet. Mit dem Pendel und der Frage: »Ist in diesem Gefäß Salzwasser?« versuchen Sie jetzt, eine richtige Antwort zu bekommen. Wenn das Pendel bei mehreren Durchgängen bei einem bestimmten Gefäß immer zum JA ausschlägt, dürfen Sie die Geschmacksprobe machen. Zuckerwasser ist im übrigen leckerer und genauso geeignet.

Spielerische Übung: Münze finden

Für diese Übung brauchen Sie eine Partnerin oder einen Partner, der für Ihre Experimente Verständnis hat. Sie brauchen eine Münze und drei Behältnisse – Streichholzschachteln oder umgedrehte Becher. Schauen Sie sich die Münze gut an, und bitten Sie dann Ihre Partnerin oder Ihren Partner, diese

Spielerische Pendelübungen bringen viel Praxis mit sich. Hatten Sie Erfolg beim Auspendeln des Salzwasserglases?

Münze, während Sie wegsehen, in einem der Behälter zu verstecken. Und dann suchen Sie sie mit dem Pendel und der Frage: »Ist die Münze in dieser Schachtel?« Falls es auch nach mehrmaligen Versuchen nicht gelingen will, die richtige Lösung in mehr Fällen als der statistischen Wahrscheinlichkeit zu finden, dann sollten Sie noch einmal Ihre Visualisierungsfähigkeit üben. Wenn Sie Herz-As suchen, dann schauen Sie sich vorher die Karte so lange an, bis Sie sie ohne Mühe vor Ihrem inneren Auge entstehen lassen können. Das Gleiche gilt für die Münze. Bei der Salzwasserübung versuchen Sie sich während des Pendelns ebenfalls den Geschmack ganz genau vorzustellen, nötigenfalls nehmen Sie vorher einen kleinen Schluck.

Zum besseren Gelingen beachten Sie bitte: Setzen Sie sich möglichst nicht unter Leistungsdruck! Die Pendelbewegung reagiert nämlich ungemein feinfühlig darauf, wenn man bereits eine Erwartung hat. Versuchen Sie also, Ihren Verstand auszuschalten, der Ihnen einreden will, er wüsste ganz genau, dass die Münze nur unter diesem oder jenem Becher sein kann. Diese vermeintlich logische Vorgabe versetzt das Pendel automatisch in eine Ja-Schwingung, wenn Sie über dem entsprechenden Behältnis pendeln.

Bitten Sie Ihr inneres Kind liebevoll um Mithilfe, stellen Sie sich vor, dass Sie es zum Mitspielen verlocken wollen. Dann treffen Sie mit Ihrem Unbewussten eine geistige Vereinbarung, um die Bedeutung der einzelnen Pendelbewegungen festzulegen.

Die Entscheidungsfragen

Prinzipiell kann man mit Ja-Nein-Fragen alle denkbaren Informationen erhalten, aber bei komplexeren Problemen kann dieses Verfahren zu endlos langen Frageketten führen. In einem solchen Fall wird man dem Pendel mehrere Möglichkeiten zur Entscheidung vorgeben.

Spielerische Übung: Herz-As herausfinden

Nehmen Sie aus dem Spielkartendeck wieder die vier Asse heraus, und mischen Sie sie. Legen Sie sie dann verdeckt als Viereck auf den Tisch, so dass der Mittelpunkt frei bleibt. Über diese Mitte bringen Sie Ihr Pendel und fragen dann: »Wo liegt das Herz-As?« Dabei stellen Sie sich die Karte deutlich vor. Warten Sie darauf, in welche Richtung das Pendel ausschlägt.

Vielleicht wird es eine Weile unschlüssig kreisen, bis es seine Aussage macht. Warten Sie, bis das Pendel die Richtung eindeutig ausweist. Wenn Sie bei vier Auswahlmöglichkeiten sicher sind, erhöhen Sie den Schwierigkeitsgrad auf sechs oder acht Spielkarten, die Sie verdeckt im Kreis legen.

Wenn Sie mehr Sicherheit gewonnen haben, können Sie die Übung auch einmal mit mehr als drei Streichholzschachteln probieren.

Spielerische Übung: Salzwasser oder Zuckerwasser aufspüren

Füllen Sie dieses Mal zunächst vier gleich aussehende Gefäße mit Wasser. Zwei davon bleiben geschmacklos, eines süßen Sie mit Zucker, das letzte versetzen Sie mit Salz. Vertauschen Sie die Gefäße so lange, bis Sie wirklich nicht mehr wissen, in welchem das Salz und in welchem das Zuckerwasser enthalten ist, und stellen Sie sie dann im Viereck auf. Und nun befragen Sie Ihr Pendel nach dem salzigen und dem süßen Wasser, bis Sie eine eindeutige Bewegung erhalten. Erst dann machen Sie die Geschmacksprobe.

Versuchen Sie auch bei den spielerischen Übungen eine geistig ganze neutrale Haltung einzunehmen, denn Vorurteile gegenüber dem Ergebnis sind die am meisten ernst zu nehmene Ursache von Pendelfehlern.

Spielerische Übung: Münze wieder finden

Auch dieses Experiment können Sie erweitern, indem Sie vier Schachteln nehmen und nur in einer die Münze verstecken. Vertauschen Sie die Schachteln, und pendeln Sie dann diejenige aus, in der sich die Münze befindet. Sie können auch mehrere verschiedene Münzen nehmen und das Pendel befragen, wo sich welche Münze befindet. So lassen sich alle spielerischen Übungen erweitern und nach Lust und Laune variieren.

Die Vielleicht-Antwort

Es gibt natürlich auch Fragen, auf die Ihr Unbewusstes beim besten Willen keine Ja-Nein-Antwort geben kann oder will. Ziemlich eindeutig reagiert das Pendel, wenn es die Antwort verweigern will. Es wird sich vermutlich nicht rühren. Manchmal möchte es aber auch VIELLEICHT sagen. Um herauszufinden, welche Bewegung dieses VIELLEICHT bedeutet, fragen Sie Ihr Pendel einfach. Halten Sie es ruhig über eine ungemusterte Fläche und fragen Sie mehrmals: »Welche Bewegung bedeutet VIELLEICHT?«

Im Laufe der Zeit können sich die Pendelbewegungen ändern, daher muss das Pendel hin und wieder neu justiert werden, das heißt, Sie müssen Ihre geistige Abmachung mit dem Pendel erneuern.

Bewegungstabelle

Auf die gleiche Art können Sie auch die Pendelbewegungen für POSITIV, NEGATIV und NEUTRAL ermitteln, die vor allem dann von Interesse sind, wenn Sie Fragen nach Sympathien, Verträglichkeiten oder Energien abfragen wollen. Sinnvollerweise legen Sie eine Tabelle mit Datum an, die etwa wie nachfolgendes Beispiel aussehen könnte. Das Datum zu den Bewegungen einzutragen ist wichtig, weil sich der Pendelausschlag von Zeit zu Zeit ändern kann. Aus diesem Grund empfiehlt es sich, immer mal wieder die ganze Einstimmung des Pendels zu wiederholen und dabei die einzelnen Bewegungen zu überprüfen, um Fehldeutungen zu vermeiden.

Antwort	Datum	Bewegung
Ja		
Nein		
Vielleicht		
Positiv		
Negativ		
Neutral		
Weiß nicht		
Fehler		

Praktisches Pendeln im Alltag

Vergessen Sie nicht – der logische Verstand muss bei der Suche mit dem Pendel zurücktreten!

Die Arbeit mit Pendel und Wünschelrute kann man natürlich zum Beruf machen. Radiästheten suchen wie gesagt heute ganz selbstverständlich nach Wasser, Ölquellen, Erzen, Rohrleitungen und arbeiten bei archäologischen Ausgrabungen mit.
Sicher werden Sie nicht gleich nach den ersten Übungen zum Schluss kommen, Ihren jetzigen Job aufzugeben, um sich ganz der Radiästhesie zu widmen. Die Ausbildung zum Berufsradiästheten kann und will dieses Buch nicht übernehmen. Doch Pendeln kann Ihnen bei vielen alltäglichen Fragestellungen durchaus hilfreich sein.

Das Pendel als Suchinstrument

Doch auf welchen Gebieten und in welchen Situationen kann Ihnen das Pendel im Alltag wirklich nützlich sein?
Wie Sie gesehen haben, hilft es Ihnen, an verborgenes Wissen in Ihrem Unbewussten zu gelangen – Wissen, das dort vorhanden ist. Obwohl dieser Fundus an Wissen ungeheuer groß ist, bleibt es doch dabei: Was nicht im Unbewussten gespeichert ist, kann auch das Pendel nicht hervorholen, weshalb es Ihnen manchmal die Antwort WEISS ICH NICHT gibt. Das müssen Sie ganz einfach akzeptieren.
Manches haben wir auch ins Unbewusste verdrängt, weil es uns im Bewusstsein schmerzen oder quälen würde. Auch hier kann es sein, dass sich das Pendel weigert, Informationen, die damit in Zusammenhang stehen, an die Oberfläche zu bringen. Zumindest, solange der bewusste Mensch noch nicht reif genug ist, sich diesem unangenehmen Wissen zu stellen. Das kann eine Frage der Zeit sein. Bei der Suche nach verlorenen Gegenständen jedoch hat das innere Kind keine derartigen Bedenken.

Verlorenes wieder finden

Wie können Sie also beispielsweise einen verlorenen Ohrring (oder für die Herren den verlorenen Manschettenknopf, so Sie noch solche Schmuckstücke tragen) wieder finden?
Wenn Sie den zweiten Ohrring noch haben, wird er Sie bei der Suche unterstützen. Gehen wir weiterhin davon aus, dass Sie sogar in etwa wissen, wann Sie den Ohrring verloren haben, dann können Sie die Suche schon soweit präzisieren, dass das Stück an Ihrem Arbeitsplatz und seiner nächsten Umgebung verloren gegangen sein könnte.

Mit der Ja-Nein-Fragenreihe

Durch gezielt gestellte Fragen, die eindeutig nur mit Ja oder Nein beantwortet werden können, sollten Sie auf folgende Weise zum Ergebnis kommen. Unterstützen wird Sie in einem solchen Fall die »Stoffprobe« des anderen Ohrrings, der ja das gleiche Sympathiemuster aufweist, wie sein verlorengegangenes Pendant.
Nehmen Sie also Ohrringpendant, Pendel und ein Blatt Papier mit dem Ja-Nein-Kreuz zur Hand, und setzen Sie sich in Pendelhaltung. Bitten Sie Ihr Pendel um Mitarbeit, nehmen Sie den Ohrring in die eine, das Pendel in die andere Hand, und fragen Sie also nach den möglichen Orten. Zum Beispiel:
»Habe ich den Ohrring in meinem Büro verloren?«
Stellen Sie sich dabei diesen Ort möglichst genau vor, während Sie fragen. Wenn die Antwort nicht eindeutig ist, wiederholen Sie die Fragen mehrmals. Zeigt es sich, dass das Pendel Ihr Büro als Verlustort angibt, können Sie die Suche weiter einschränken. Gehen Sie mit weiteren Fragen vor, die alle denkbaren Stellen in Ihrem Arbeitsraum betreffen – dabei ist es gut, wenn Sie sich den Raum möglichst in allen Details vorstellen können.
»Habe ich den Ohrring an meinem Schreibtisch verloren?«
»Habe ich den Ohrring am Kopierer verloren?«
»Liegt der Ohrring hinter dem Kopierer?«
Irgendwann werden Sie vermutlich eine positive Reaktion erhalten, und Sie können dann an der herausgefundenen Stelle gezielt nachschauen. Seien Sie auch hier geduldig; das Pendel wird Ihnen Antworten geben.

Die Entfernung spielt beim Auspendeln keine Rolle, denn auch weit entfernte Gegenstände oder Personen lassen sich orten.

Doch je nachdem, wie groß das Zimmer ist, kann die Fragerei endlos werden. Dann, oder auch wenn Ihnen der Raum nicht so sehr vertraut ist, können Sie eine weitere Befragungsmethode, die so genannte Rasterfahndung, anwenden.

Für die Rastermethode benötigen Sie Lineal und Bleistift, damit Sie den Raum mit einem Raster unterteilen können. Danach wird über Entscheidungsfragen der gesuchte Ort ausfindig gemacht.

Mit der Rasterfahndung

Sie zeichnen eine einfache Skizze von Ihrem Büro mit der ungefähren Einrichtung und teilen dieses Bild dann in vier Quadranten auf. Legen Sie dann dieses Blatt so, dass Sie bequem darüber pendeln können.
Auch in diesem Fall werden Ja-Nein-Fragen gestellt. Beginnen Sie bei der Skizze in dem linken oberen Quadranten, und fragen Sie: »Liegt mein Ohrring hier?« Gehen Sie in den rechten oberen Quadranten, und fragen Sie weiter. Fragen Sie danach auch die beiden anderen Quadranten ab.
Alternativ können Sie das Pendel auch über den Kreuzungspunkt der Koordinaten halten und fragen: »In welchem Quadranten liegt mein Ohrring?« Achten Sie dann auf die Richtung, in die Ihr Pendel schwingt.
Wenn Sie eine eindeutige Antwort haben, in welchem Ausschnitt Ihres Büroplanes der Ohrring liegt, unterteilen Sie diesen noch einmal in vier

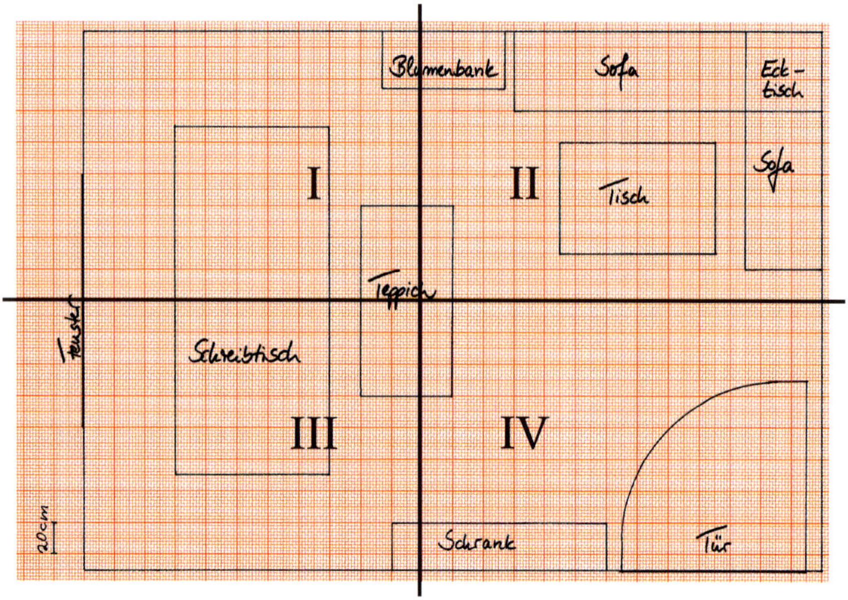

Die Einteilung in vier Quadranten erleichtert die Suche bei der Rasterfahndung sehr.

Teile und gehen wie oben beschrieben vor. Vermutlich reicht dann die Auskunft schon, und Sie können gezielt unter der Fensterbank nachschauen, wenn Sie wieder im Büro sind.

Mit der Dreieck-Methode

Die dritte Alternative besteht darin, im Zimmer selbst mit dem Pendel zu suchen. Es macht natürlich wenig Sinn, ziellos mit dem Pendel in der Hand durch den Raum zu irren und auf jeden Ausschlag hin loszuwühlen. Systematik erleichtert hier die Suche.

Auf jeden Fall sollten Sie für die Suche ein Pendel nehmen, das nicht zu leicht ist, denn stehend oder gehend ist das Pendel viel mehr den zufälligen Bewegungen, Erschütterungen oder dem Luftzug ausgesetzt, als wenn Sie ruhig am Tisch sitzen.

Bei der Dreieck-Methode können Sie mit dem Arm als »Richtungsantenne« arbeiten und durch zwei sich kreuzende Linien den gesuchten Ort bestimmen.

Wenn Sie in den Raum eintreten, in dem Sie den verlorenen Ohrring vermuten, bleiben Sie zunächst einmal an der Tür stehen. In der einen Hand halten Sie das Pendel. Ihren anderen Arm strecken Sie aus, er wird als »Antenne« eingesetzt, die die Richtung vorgibt. Deuten Sie mit diesem Arm also in die linke Ecke, und fragen Sie dann das Pendel:

»Liegt mein Ohrring in dieser Richtung?«

Drehen Sie sich dann ganz langsam mit dem gestreckten Arm weiter über die Mitte des Raumes hinweg bis zur rechten Ecke, und fragen Sie so lange, bis Sie eine positive Antwort erhalten haben. In der Richtung, in die Ihr Arm zeigt, wenn das Pendel ausschlägt, liegt der gesuchte Gegenstand. Sie haben damit aber lediglich einen Richtungspfeil ermittelt, der zum Beispiel auf die rechte Wand zeigt. Wechseln Sie daher jetzt die Position, indem Sie etwa zur gegenüberliegenden Wand gehen und dort in der gleichen Art mit ausgestrecktem Antennenarm die gleichen Fragen stellen. An dem Punkt, an dem sich der erste und der zweite Richtungspfeil kreuzen, sollte der verlorene Ohrring zu finden sein.

Pendeln Sie, sofern Ihnen der gesuchte Gegenstand nicht sofort ins Auge springt, im Umkreis dieser Stelle. Fragen Sie in kleinem Umkreis wieder nach den Richtungen, bis Sie eine positive Reaktion Ihres Pendels feststellen.

Vielleicht ist der Ohrring in einen Spalt gerutscht, in einem Polster verschwunden oder gar in den Papierkorb gewandert.

In großen Wohnungen hilft die Dreieck-Methode bei der Suche nach verschwundenen Gegenständen.

Wenn Sie zum ersten Mal mit dem Pendel nach einem verlorenen Gegenstand suchen, sollte dieser möglichst einer anderen Person gehören, damit Ihr dringender Wunsch, den Gegenstand bald aufzufinden, nicht Ihre Konzentration stört.

Spielerische Übung: Münze verstecken

Lassen Sie von einem Freund oder einer Freundin eine Münze oder einen anderen kleinen Gegenstand, den Sie gut kennen, in einem Zimmer verstecken, und versuchen Sie dann mit einer der drei nachfolgend aufgeführten Suchmethoden, die Münze wieder zu finden.

- Ja-Nein-Fragen
- Rasterfahndung
- Dreieck-Methode

Wenn Sie niemanden für diese Übung bemühen wollen, nehmen Sie den Gegenstand einfach selbst in die Hand, schließen die Augen und drehen sich ein paar Mal um sich selbst. Dann werfen Sie ihn in den Raum. Drehen Sie sich noch einmal, um die Orientierung weiter zu verlieren, und machen Sie sich danach auf die Suche mit dem Pendel. Sie werden sehen, die Münze wird sich finden lassen.

Pendeln über Plänen und Karten

Nicht immer weiß man allerdings, wo man einen Gegenstand verloren hat. Plötzlich fällt einem auf, dass man seit einigen Tagen einen Schlüssel, einen Wertgegenstand oder eine wichtige Unterlage vermisst. Das Kramen im Gedächtnis fördert nur vage Hinweise zutage, und auch befragte Personen helfen mit solchen Aussagen wie: »Ich meine, ihn vorgestern noch gesehen zu haben!« auch nicht weiter. Wo ist also dieser verflixte Brief vom Finanzamt geblieben? Wurde er im Haus verschusselt, beim Friseur liegen gelassen oder bei Freunden in München vergessen? Hat Mutter ihn gar mit nach Hamburg genommen?

Wenn sich derartig weiträumige Möglichkeiten auftun, muss zunächst eine räumliche und zeitliche Eingrenzung vorgenommen werden.

Gut ist es, wenn Sie als Stoffprobe zum Beispiel noch den Umschlag haben oder auch einen anderen Brief aus gleicher Quelle. Versuchen Sie bei allem, was Sie suchen, irgendetwas bei der Pendelbefragung bei sich zu haben, das in einem Kontakt mit dem verlorenen Objekt stand.

Gehen Sie dann vom eigenen Standort aus, und stellen Sie die ersten Ja-Nein-Fragen. »Ist der Gegenstand hier im Haus?«

Fällt die Antwort positiv aus, fragen Sie alle Räume durch und suchen dann nach der oben genannten Methode weiter. Ist die Antwort jedoch negativ, erweitern Sie den Radius der Suche, denn dann kann Ihr Brief überall sein. Also könnte die nächste Frage lauten: »Ist er im Umkreis von 500 Metern?« Oder auch: »Ist er im Umkreis von 200 Metern?«

Wenn ja, dann fragen Sie nach der Richtung: Norden, Süden, Osten, Westen. Oder, sofern Sie sich in der Orientierung nicht sicher sind, nehmen Sie wieder den Arm als Antenne und deuten so lange in alle Richtungen, bis Sie eine positive Reaktion des Pendels erhalten. Dann schränken Sie die Entfernungsangaben nach und nach ein. Vielleicht ergibt sich daraus ja schon, dass das gesuchte Papier noch im Auto liegt, das nur 100 Meter weiter entfernt geparkt ist.

Bekommen Sie aber auf die Frage nach dem Umkreis von 500 Metern kein JA angezeigt, erweitern Sie den Radius auf einen Kilometer, zehn Kilometer usw., bis Sie eine Entfernung ermittelt haben. Dann suchen Sie die Richtung

Wenn Sie beispielsweise einen Grundriss Ihres Hauses oder Ihrer Wohnung besitzen, können Sie auch mit dem Finger auf die einzelnen Räume deuten und Ihr Pendel befragen, wo sich der gesuchte Gegenstand befindet.

heraus, und wenn sich dort kein eindeutiger Hinweis ergibt, der etwa so lauten könnte: »Oh, da habe ich doch vorgestern im Café gesessen!«, dann müssen Sie zur Landkarte oder dem Stadtplan greifen. Aber nicht die Karte oder der Stadtplan beeinflusst in irgendeiner Weise das Pendel, sondern Sie müssen sich in den gezeichneten Plan hineinversetzen und in ihm die Gegend erspüren, die er abbildet – das einmal vorweg. Je nachdem, in welcher Entfernung Sie den gesuchten Gegenstand in der ersten Stufe der Befragung geortet haben, richtet sich die Kartenauflösung.

Nehmen wir einmal an, die Entfernung zum gesuchten Gegenstand beträgt etwa 100 Kilometer in nördlicher Richtung, so beginnen Sie mit einer Karte, die diesen Bereich einigermaßen detailliert abbildet.

Wenn die Karten, über denen Sie pendeln wollen, kein Gitternetz besitzen, so können Sie mit Bleistift und Lineal eines darauf anlegen. Sie können aber auch eine durchsichtige Folie mit Gitternetzlinien darüber legen.

Mit Hilfe der Koordinaten

Karten verfügen oft über ein Gitternetz aus Längen- und Breitengraden oder ein willkürliches Netz, das alphanumerisch bezeichnet ist, um das Suchen nach Orten und Straßen zu erleichtern. Diese Gitterfelder können Sie zur Befragung nutzen, indem Sie ein Feld nach dem anderen auspendeln, bis Sie

Kann ein verlorener Gegenstand an mehreren geographischen Orten sein, muss zunächst eine räumliche Eingrenzung vorgenommen werden.

eine positive Antwort auf Ihre Frage »Befindet sich der gesuchte Gegenstand in diesem Gebiet?« erhalten. Gegebenenfalls kann das natürlich langwierig sein, wenn der Bereich sehr groß ist. Dann können Sie auch spalten- und zeilenweise vorgehen, wobei die Frage lautet: »Liegt der gesuchte Gegenstand in dieser Spalte?«

Wenn Sie die Spalte gefunden haben, gehen Sie genauso über die Zeilen vor, und dort, wo sich beide kreuzen, ist das gesuchte Quadrat.

Machen Sie auf jeden Fall die Probe, und stellen Sie über dem gefundenen Bereich die Frage, ob sich das Gesuchte dort befindet.

Wenn Ihnen die eingekreiste Gegend noch keinen Anhaltspunkt aus Ihrer Erinnerung liefert, müssen Sie zur nächstfeineren Karte übergehen. Sollte Ihre Karte kein Gitternetz aufweisen, nehmen Sie transparentes Papier oder Folie und zeichnen Sie darauf ein nicht zu enges Gitter. Dann legen Sie dieses Hilfspapier über die Karte und verwenden Ihr eigenes Gitternetz zum Auspendeln.

Auch mit Hilfe eines durchsichtigen Lineals (z. B. 50 Zentimeter), das Sie über eine Karte so weit und so lange schieben, bis das Pendel bejahend schwingt, können Sie den Ort eines gesuchten Gegenstandes herausfinden.

Mit der Dreieck-Methode

Eine weitere Möglichkeit besteht darin, nicht alle Felder auszupendeln, sondern ausgehend von zwei Punkten die sich kreuzenden Richtungspfeile auszupendeln. Dazu markieren Sie mehr oder weniger willkürlich zwei Punkte auf der Karte und lassen sich von Ihrem Pendel anzeigen, in welcher Richtung, zunächst ausgehend von dem ersten Punkt, sich der gesuchte Gegenstand befindet. Markieren Sie die Richtung mit einem Strich, und fragen Sie dann über dem zweiten Punkt noch einmal das Pendel. Markieren Sie auch diese Richtung. Dort, wo sich beide Linien kreuzen, kann sich das Gesuchte befinden. Stellen Sie die Kontrollfrage über diesem Gebiet, und gehen Sie gegebenenfalls auf eine detailliertere Karte über.

Pendeln über Karten ist sicherlich keine Anfängerübung und wird vermutlich nicht gleich zum präzisen Ergebnis führen, denn es setzt voraus, dass Sie sowohl zu dem gesuchten Gegenstand als auch zu den Informationen auf der Karte einen Bezug haben.

Kurz und gut – letztendlich müssen Sie hierfür natürlich Karten lesen können. Wenn eine Straßenkarte für Sie nur ein buntes Bild ist und die Linien darauf Sie nur an Spaghetti erinnern, werden Sie keinen großen Erfolg

Wenn Sie den Aufenthaltsort einer Person oder eines Tieres mit dem Pendel herausfinden möchten, sollten Sie sich deren Eigenschaften und Aussehen so genau wie möglich vor Augen führen oder auch eine Stoffprobe bereithalten.

haben. Denken Sie daran, Ihr Pendel ist der Übersetzer Ihres Unbewussten, das irgendwann einmal und in irgendeiner Form das Wissen über den Verbleib des verlorenen Gegenstandes gespeichert haben muss, um es wieder finden zu können.

Spielerische Übung: Orte auf der Karte finden

Sie können natürlich auch üben, mit Karten und Plänen zu pendeln. Nehmen Sie zum Beispiel einen Stadtplan oder eine Wanderkarte aus einem Ihrer länger zurückliegenden Urlaube, und suchen Sie darauf Gebäude und Orte, die Sie besucht haben. Unterstützend können Sie dazu Erinnerungsfotos oder andere Abbildungen danebenlegen, die Ihre Verbindung zu dem gesuchten Ort herstellt.
Beginnen Sie zunächst mit einem Atlas, und arbeiten Sie sich dann nach und nach auf die Detailkarten vor.
Es ist wichtig, dass Sie ein Gefühl dafür entwickeln, wie das Pendel über Karten und Plänen reagiert. Gehen Sie dabei langsam und geduldig vor. Auch hier macht Übung den Meister.

Bei der Suche nach einer Person sind Fotos, Stadtpläne und andere persönliche Gegenstände sehr hilfreich.

Personen oder Tiere wieder finden

Natürlich können Sie auch Personen über die Pendelbefragung suchen. Das ist allerdings in der Hinsicht schwieriger als bei leblosen Gegenständen, als Menschen die Eigenart haben, sich nicht nur im Raum, sondern auch in der Zeit zu bewegen. Sie bleiben nicht einfach still dort sitzen, wo man sie verloren hat. Darum muss die Frage nach dem Ort auch immer die Zeit mit beinhalten. Also achten Sie darauf, dass Sie bei den Fragen auch immer das »Jetzt« mit einbinden. »Wo befindet sich die Person jetzt?« Andererseits besteht zwischen Ihnen und der gesuchten Person aber auch eine Wechselbeziehung, die von den Wahrnehmungsmöglichkeiten des Unbewussten aufgenommen wird. Ein Beweis dafür ist sicher die Telepathie, das geheimnisvolle Wissen darum, was der andere denkt.

Unterstützend wirkt bei jeder Personensuche die Stoffprobe. Visualisieren Sie die gesuchte Person, und halten Sie eine Stoffprobe – Fotos, Schmuckstücke, Handschriften und so weiter – bereit, da sie eine Verbindung zu der gesuchten Person herstellen. Ansonsten gehen Sie auf die gleiche Art und Weise vor wie bei den verschwundenen Gegenständen. Sollte es sich um einen Menschen handeln, den Sie schon sehr lange aus den Augen verloren haben, gilt möglicherweise die erste Frage dem Umstand, ob diese Person überhaupt noch unter den Lebenden weilt. Wenn die Antwort JA lautet, machen Sie sich auf die Suche vom Großraum der Kontinente hin bis zur genauen Adresse.

Bei der Suche nach verschollenen Personen müssen Sie die Faktoren Zeit und Ort berücksichtigen. Das heißt, Sie müssen nach dem Ort fragen, wo sich die Person gerade befindet, und eventuell auch nach dem Ort, wo sie sich befunden hat oder noch befinden wird.

Übrigens funktioniert die Personensuche nicht nur bei Menschen, sondern auch bei Tieren. Unsere Katze begleitete uns in den Urlaub in eine sehr abgelegene ländliche Gegend in Frankreich. Sie hat die für ihre Art recht untypische Angewohnheit, auf Spaziergängen hinter uns herzutrotteln. Neugierig wie sie aber ist, musste sie in jede Hofeinfahrt hineinschlüpfen. Die Hofhunde der Bauern hatten dafür wenig Verständnis, und eine wilde Verfolgungsjagd spielte sich vor unseren Augen ab. Das Kätzchen konnte sich in ein Feld retten, aber auch für uns war es damit außer Sicht. Rufen und Locken halfen nichts. Stundenlang durchkämmten wir die Felder – keine Katze! Überaus unglücklich saß ich dann am Abend in unserem Ferienhaus, bis mir die Idee kam, doch mit dem Pendel einen Versuch zu wagen. Eine

Halskette mit Anhänger half mir, die bangen Fragen zu beantworten und gab mir an, im Umkreis von ungefähr 500 Metern hinter dem Haus sei das Tierchen zu finden. Also machte ich mich, wenn auch mit bangem Herzen, noch einmal auf die Suche. Und was kam mir an der bezeichneten Stelle auf mein Rufen aus dem Artischockenfeld entgegen? Meine Katze! Und ihr Blick gab mir deutlich zu verstehen: »Das hat aber ziemlich lange gedauert, bis du mich hier abholst!«

Zahlen auspendeln

Zahlen spielen eine ungeheure Rolle in unserem täglichen Leben. Die Fülle der Konto- und Telefonnummern, der Geheimzahlen für Scheckkarten, der Hausnummern und Geburtstage sowie vieler weiterer Daten führt dazu, dass manche dieser Zahlen im Dunkel des Vergessens verschwinden.

Bedenken Sie, Wissen, das man nicht ständig präsent haben muss, sinkt unweigerlich ins Unbewusste hinab. Aus diesem Grunde lassen sich auch vergessene Zahlenkombinationen auspendeln.

Das Wissen ist aber noch vorhanden, und hier kann auch das Pendel behilflich sein, es wieder zutage zu fördern.

Stellen Sie sich vor, Sie wollen die Telefonnummer einer Bekannten oder eines Bekannten herausfinden, die oder den Sie schon lange nicht mehr angerufen haben, und, wie das so ist, Sie haben natürlich den Zettel mit ihrer bzw. seiner Nummer verlegt und wollen in diesem Falle auch nicht die Telefonauskunft befragen. Selbstverständlich könnten Sie jetzt den Zettel mit der Nummer über das Pendel suchen, aber vielleicht gibt es dafür auch einen direkteren Weg. Oder vielleicht haben Sie auch den Geburtstag Ihrer Freundin oder Ihres Freundes vergessen. Nach dem Datum aber fragen möchten Sie nicht. Was liegt näher, als das Pendel zu befragen. Folgende Methoden bieten sich auch hierfür an:

Mit der Ja-Nein-Fragenreihe

Da Sie in diesem Falle jede einzelne Ziffer abfragen müssen, ist es also zunächst einmal wichtig herauszufinden, wie viel Stellen die Telefonnummer (mit oder ohne Vorwahl) hat. Bei Ihrer Befragung sollten Sie sich die Bekannte oder den Bekannten gut vorstellen oder eine »Stoffprobe« von ihm bereithalten.

Danach fragen Sie das Pendel: »Hat die gesuchte Nummer vier Stellen?« Fragen Sie so lange, bis Sie eine positive Antwort erhalten. Anschließend beginnen Sie, je nach Lust und Laune, mit der ersten oder letzten Stelle. »Ist die erste Stelle eine 1?«, »Ist die erste Stelle eine 2?« und so weiter, bis Ihnen Ihr Pendel mit JA antwortet. Gehen Sie dann zur zweiten Stelle über. Kurze Zahlenkombinationen können Sie recht schnell auf diese Weise ermitteln. Aber Sie sehen auch, dass diese Angelegenheit bei umfangreicheren Telefonnummern langwierig werden kann, und dass es daher ratsam ist, besonders wenn es um Zahlenabfragen geht, auf dieses Verfahren zu verzichten und eher nachfolgende Methode zu versuchen:

Ähnlich präzise wie die Ja-Nein-Fragetechnik funktioniert die Sensorfingertechnik, indem Sie mit dem Pendel eine geistige Abmachung treffen und dann mit Ihrem Finger die Messlatte oder das Lineal entlangfahren.

Mit der Messlatte

Nehmen Sie ein Lineal, oder fertigen Sie sich auf einem Stück Papier eine Messlatte mit Markierungen von 0 bis 9.

Die erste Methode, Auskunft über eine Zahl zu bekommen, besteht darin, mit einem Finger der freien Hand die Messlatte entlangzugehen, auf jeder Zahlenposition etwa 5 bis 6 Sekunden zu verweilen und zu fragen: »Ist es diese Zahl?« Warten Sie die Reaktion des Pendels in der anderen Hand ab.

Die zweite, weitaus schnellere, aber eventuell etwas unpräzisere Methode arbeitet direkt mit der Skala. Halten Sie Ihr Pendel über die Mitte des Lineals oder der Zahlenreihe, also über die Zahl 5, und bitten Sie es, in die Richtung der gefragten Ziffer zu schwingen.

Üben Sie möglichst beide Methoden, um herauszufinden, welche Ihnen am besten liegt. Stellen Sie sich eine Zahl vor, denken Sie zum Beispiel intensiv an die 7, an die 3 oder möglicherweise auch an Ihre Lieblingszahl, falls Sie eine solche haben, und lassen Sie dann Ihr Pendel diese Ziffer finden.

Auch mit Hilfe einer Pendeltabelle oder eines Diagramms lassen sich vergessene Zahlen ermitteln. Im Anhang auf Seite 90 finden Sie ein entsprechendes Zahlendiagramm, mit dessen Hilfe Sie die gesuchten Zahlen auspendeln können.

Üben Sie daran zunächst einmal, die Schwingungen bekannter Zahlen zu erzeugen. Wenn das zuverlässig funktioniert, versuchen Sie, vergessene Ziffernkombinationen auszupendeln. Wann war doch noch mal der Hochzeitstag Ihrer Eltern? Wann haben Sie Ihren Partner oder Ihre Partnerin das erste Mal getroffen? Wie lautet die Nummer Ihres Tresors? Kennen Sie noch die Geheimzahl Ihrer Scheckkarte?

Vergessenem Wissen auf der Spur

»Ich weiß ganz genau, dass ich darüber schon einmal etwas gelesen habe, aber wo?«

Wir lesen verhältnismäßig viel. In der Schule, in der Ausbildung und im Studium lesen wir Texte zu allen möglichen Themen. Wir lesen darüber hinaus Zeitungen und Zeitschriften, Unterhaltungslektüre und Fachbücher. Die wenigsten Texte können wir in Erinnerung behalten, sonst müssten wir mit einem Kopf voller Fakten herumlaufen, der jeder dreißigbändigen Enzyklopädie Ehre machen würde. Wir brauchen auch nicht ständig das ganze schon einmal aufgenommene Wissen parat zu haben, wie man beispielsweise Obstbäume pfropft oder wann die Schlacht von Hastings war oder auch wie viele Einwohner Puerto Rico hat. Doch jetzt kommt irgendjemand mit dieser Frage nach den Obstbäumen und dem Pfropfen.

Auch verschollenes Wissen können Sie vor den entsprechenden Quellen wie Büchern, Zeitschriften, Ordnern usw. auspendeln. Die Auflösung des unten aufgeführten Zitats finden Sie auf Seite 93.

Wo steht das nur? Sie können sich erinnern, dass Sie vor Jahren einmal etwas zu dem Thema gelesen haben. Nehmen Sie in diesem Fall Ihr Pendel, und gehen Sie an den Bücherschrank. Fragen Sie zuerst, ob Sie im Besitz dieses gedruckten Wissens sind. Wenn ja, fahren Sie mit der einen Hand mit dem »Sensorfinger« die erste Regalreihe entlang, fragen Sie nach dem entsprechenden Thema, und schauen Sie auf die Reaktion des Pendels in der anderen Hand. Gehen Sie, wenn nötig, alle weiteren Regalreihen durch. Wenn das Pendel Ihnen eine positive Reaktion anzeigt, haben Sie vermutlich die richtige Quelle gefunden.

Dieser Pendeleinsatz eignet sich auch recht gut zum Üben. Suchen Sie mal in Ihren Bücherregalen etwas über folgendes Zitat aus der Literatur:

»Denn was man schwarz auf weiß besitzt,
Kann man getrost nach Hause tragen.«

Wenn es nicht in den eigenen Regalen steht, dann vielleicht in den Regalen Ihrer Freundin oder Ihres Freundes oder auch in den entsprechenden Regalen Ihrer Bibliothek oder Buchhandlung. Fragen Sie Ihr Pendel, wo Sie etwas über dieses Zitat finden.

Sie können natürlich auch den Buchhändler, Bibliothekar oder einen Ihrer belesenen Freunde nach dem Zitat fragen! Das ist allerdings dann keine Pendelübung.

Das Pendel als radiästhetisches Anzeigegerät

Sie haben bereits gesehen, wie man sich mit dem Pendel das Alltagsleben leichter machen kann, wenn man etwas sucht, dessen Aufenthaltsort einem entfallen ist. Sofern es in Ihrem Unbewussten noch eine Erinnerung oder eine Beziehung zu dem Gesuchten oder der Verluststelle gibt, werden Sie es auf diese Art und Weise wieder finden.

Die zweite Einsatzmöglichkeit des Pendels ist, sich nicht bewusst wahrnehmbare Energien und Schwingungen anzeigen zu lassen. Wir sind umgeben von allerlei unsichtbaren Schwingungen – Radiowellen, leider auch von Elektrosmog, von magnetischen Feldern und so fort. Viele davon machen wir uns für unsere fünf Sinne wahrnehmbar: auf Bildschirmen, in Beleuchtungskörpern, aus Lautsprechern, auf Festplatten und CDs. Ohne diese technischen Hilfsmittel würden Sie aber zum Beispiel den elektrischen Strom nicht sehen.

Es gibt jedoch noch mehr Kräfte, die mit den fünf Sinnen nicht wahrnehmbar sind und die die Naturwissenschaften auch noch nicht als solche völlig anerkannt haben. Nichtsdestotrotz sind sie vorhanden und wirken auch.

Heute werden geophysikalische Methoden und Satellitenortungen eingesetzt, um Bodenschätze und Wasser zu finden – aber in den vielen Jahrtausenden zuvor? Denken Sie einmal an Moses (Exodus 17, 1-6), der auf Geheiß des Herrn mit seinem Stab an den Felsen schlug und dadurch Wasser fand, um den Durst seines Volkes zu löschen.

Störungsfelder ermitteln

Die Pendeltechnik und das Wünschelrutengehen wurden schon immer eingesetzt, um vor allem lebenswichtiges Wasser aufzuspüren. Wasseradern und Wasserreservoirs in der Erde strahlen eine Energie aus, die unser Unbewusstes in der Lage ist zu erkennen. Auch Erzlager kann der geübte Radiästhet mit der Rute oder dem Pendel ausfindig machen. Was unser Unbewusstes erkennt, kann das Pendel (oder die Rute) übersetzen und uns mit seinen Bewegungen anzeigen.

Wenn Sie zum Beispiel in Ihrer Umgebung alte heilige Orte haben, Steinmale, uralte Bäume, heilkräftige Quellen oder ähnliche Stellen, dann kann es eine sehr interessante Übung sein, dort einmal die Pendelbewegungen im Umkreis festzustellen. Dies wird Ihnen ein Gefühl für positive und negative Erdstrahlen geben.

Geopathische Reizzonen

Das Ausfindigmachen von geopathischen Reizzonen, zu denen unter anderem Wasseradern und elektromagnetische Felder zählen, kann im Alltag sehr hilfreich sein – einmal, um beispielsweise eine Quelle zu suchen, aber auch um die Strahlungsfelder von Störungen im Haus, insbesondere in den Schlafräumen, aufzudecken. Nachdem wir heute fast alle in Häusern leben, die an das Netz der Wasserversorgung angeschlossen sind, erübrigt sich für die meisten Menschen das Suchen nach Wasserquellen. Es ist aber eine beeindruckende Übung, einmal mit dem Pendel durch Haus und Garten zu gehen und sich den Verlauf von Versorgungsleitungen und Abwasserkanälen anzeigen zu lassen. Ich persönlich ziehe dazu zwar die Winkelrute vor, sie ist etwas weniger anfällig gegenüber den Bewegungen, die beim Umhergehen entstehen, doch mit dem Pendel, vor allem mit einem schweren von mindestens 50 Gramm Gewicht, ist dies ebenso möglich.

Wasser suchen

Das ursprüngliche Aufgabengebiet der Radiästhesie war das Auffinden von Wasser. Auch heute noch gilt diese Aufgabe als die einfachste, da den meisten Menschen der einst überlebenswichtige »Wassersinn« geblieben ist.

Nehmen Sie Ihr Pendel zur Hand, und halten Sie es mit leicht angewinkeltem Arm vor sich, so dass es frei schwingen kann. Bringen Sie es in die Ruhestellung, und stellen Sie dann die Frage: »Verläuft hier eine Wasserleitung?« Gehen Sie mit dieser Frage im Gedächtnis langsam, Schritt für Schritt durch das Zimmer, und halten Sie nach jedem Schritt an, damit das Pendel nicht in eine Fremdbewegung gerät. In dem Augenblick, in dem Sie über einer Wasserleitung stehen, beginnt das Pendel mit seiner Bewegung. Vermutlich wird sie recht heftig sein, also halten Sie Kette oder Faden fest, damit Ihnen das Pendel nicht aus der Hand gleitet.

Sie können als Nächstes die Fließrichtung des Wassers abfragen und damit den Richtungsverlauf der Leitung feststellen. Überprüfen Sie Ihr Ergebnis anhand von Bauzeichnungen, wenn Sie welche vorliegen haben. Sie können auch gezielt an einem Wasserhahn beginnen und von dort den Verlauf der Leitung weiterverfolgen. Interessant ist übrigens, dass die Leitung selbst zum Zeitpunkt der Mutung überhaupt kein Wasser führen muss, sondern auch trocken sein kann. Regenabflussrohre und stillgelegte Leitungen kann man ebenfalls auf diese Weise finden.

Ein nützlicher Einsatz dieser Art der »Wassersuche« besteht darin, ein Leck in einer Wasser führenden Leitung aufzuspüren. Die Frage muss dann allerdings nach dem ausgetretenen Wasser lauten, nicht nach der Leitung. Wenn Sie die Leckstelle aufgespürt haben, fragen Sie nach der Tiefe in Form der Ja-Nein-Fragen. »Liegt das Leck tiefer als einen Meter?« Und danach: »Tiefer als einen halben Meter?« und so weiter, bis Sie eine positive Reaktion erhalten. Machen Sie auf jeden Fall mehrere Gegenproben.

Diese Maßnahme sollte lediglich als Unterstützung für den Klempner dienen. Solange Sie nicht absolut sicher in Ihren Pendelfähigkeiten sind, vermeiden Sie es, in einem solchen Fall die Wand an der gefundenen Stelle aufzumeißeln.

Die Orte der Kraft verfügen über ein erhöhtes Energiepotenzial. Im Mittelalter und sogar bis in die Neuzeit hinein wurden diese Orte ganz selbstverständlich beachtet und auch genutzt. So genannte Erdlinien, auch Ley-Linien genannt, verbinden diese energiegeladenen Plätze.

Erdstrahlen aufspüren

Strahlungen, die von unterirdischen Wasserläufen oder Verwerfungen, von Erdspalten oder Anomalien des terrestrischen Magnetfeldes ausgehen, stehen in dem Ruf, schädliche Auswirkungen zu haben, und werden oft als Störfelder bezeichnet.

Erdstrahlungen unter dem Bett können die Ursache für Schlaflosigkeit oder schlechten Schlaf sein.

Sie müssen jedoch nicht in jedem Fall negative Belastungen darstellen, sondern können auch positiv wirken. An Kreuzungsstellen solcher Erdströme sind seit Menschengedenken heilige Stätten entstanden – Megalithbauten, Menhire, Dolmen, Tempel, später Kirchen, Kapellen und Kreuze. Dennoch kann es sein, dass das Zusammentreffen bestimmter Umstände dazu führt, dass diese Erdstrahlen sich belastend auf den menschlichen Organismus auswirken, insbesondere an solchen Stellen, an denen sich der Mensch täglich längere Zeit relativ bewegungslos und entspannt aufhält. Das heißt also im Bett. Unruhiger Schlaf, Depressionen, Konzentrationsschwäche bis hin zu ernsthaften Erkrankungen können die Folge sein.

Die negativen Erdstrahlen in Ihrer Wohnung oder Ihrem Büro sollten Sie möglichst aufspüren, um ihnen ausweichen zu können. Aber auch positive Erdstrahlen können für sensible Menschen durchaus zu stark sein, daher sollte man sich ihnen nicht unentwegt aussetzen.

Mit dem Pendel und der entsprechenden Frage nach Strahlungsfeldern können Sie Ihren Schlafraum überprüfen. Lassen Sie sich die Lage und Richtung der Erdströme anzeigen. Wenn Sie eine Stelle gefunden haben, dann fragen Sie danach, ob die Strahlung positiv oder negativ ist. Aber machen Sie auf jeden Fall mehrmals diese Untersuchung, bevor Sie anfangen, die Wohnung völlig umzuräumen. Wenn es nötig erscheint, wählen Sie einen anderen Platz für Ihr Bett. Es kann ausreichend sein, es einfach im rechten Winkel zu seiner jetzigen Position zu stellen. Unterstützend können Sie auch einige Zimmerpflanzen aufstellen. Befragen Sie Ihr Pendel vor dem Umstellen der Möbel, ob der neue Standort frei von belastenden Strahlungen ist.

Bedenken Sie aber, dass nicht nur Erdströme auf den Körper wirken, sondern dass auch Elektrogeräte, die von Strahlungsfeldern umgeben sind, Ihre Gesundheit beeinflussen können. Darum achten Sie darauf, dass im Schlafraum so wenig wie möglich Strom fließt. Es macht wenig Sinn, sich nach Erdstrahlen zu richten und gleichzeitig ein Fernsehgerät oder eine Musikanlage im Schlafzimmer installiert zu haben.

Aura

Doch nicht nur Erdstrahlen wie oben bereits beschrieben lassen sich mit dem Pendel aufspüren, auch lebende Körper sind von einem feinen, strahlenden Feld umgeben. Diese Aura ist für manche hochsensitive Menschen sogar sichtbar, für jeden anderen Menschen auch in gewisser Form spürbar. Sie werden es selbst wissen, wie das ist, wenn Ihnen jemand zu nahe »auf die Pelle« rückt. Meist ist das, sofern es nicht ein sehr lieber und nahe stehender

Mensch ist, der Anlass, ein Stückchen zurückzuweichen. Probieren Sie das einmal bei Ihrem Vordermann an der Kassenschlange im Supermarkt aus.

Die Aura ist ein bioelektrisches Schwingungsfeld, das den Körper in mehreren Schichten umgibt. Wollen Sie die Größe dieses Feldes auspendeln, ist es sinnvoll, die freie Hand mit einzusetzen. Bitten Sie einen Ihnen geneigten Menschen, sich als Versuchskaninchen zur Verfügung zu stellen, und nehmen Sie Ihr Pendel in die eine Hand. Die andere Hand führen Sie mit der Innenfläche langsam näher zum Körper des Partners hin. Stellen Sie dabei Ihrem Pendel die Frage: »Beginnt hier die Aura?« Warten Sie auf eine positive Bewegung des Pendels. Mit etwas mehr Übung können Sie auf die fühlende Hand auch verzichten und sich direkt mit dem Pendel dem Körper nähern. Oder Sie brauchen das Pendel nicht mehr und fühlen die Aura direkt an der Hand.

Beim Auspendeln der Aura setzen Sie Ihre »Sensorhand« ein. Es kann sogar sein, dass Sie feststellen, dabei auf das Pendel verzichten zu können.

Auch Tiere und Pflanzen haben eine Aura. Für Ihre Experimente mit Tieren sollten sie jedoch am besten warten, bis Ihre Hausgenossen friedlich schlafen. Sehr kooperativ verhalten sich dagegen bei diesen Pendelversuchen Bäume und Zimmerpflanzen. Beobachten Sie, ob die Pendelbewegungen positive oder negative Resonanz zeigen. Zimmerpflanzen sind äußerst sensibel. Wenn ihnen etwas nicht behagt, lassen sie die Blätter hängen. Das kann mangelnde Pflege sein, Parasiten, falscher Lichteinfall oder auch terrestrische Störfelder. Fragen Sie die Pflanze mit Ihrem Pendel, ob es ihr gut geht. Dabei bringen Sie das Pendel in die Aura dieser Pflanze. Wenn Sie eine negative Antwort bekommen, fragen Sie mit eindeutigen Ja-Nein-Fragen nach den möglichen Ursachen. Vielleicht möchte sie nur ein paar Zentimeter weiter nach rechts verschoben werden, weil sie die Nachbarschaft einer anderen Pflanze nicht mehr erduldet, vielleicht möchte sie auch nur umgetopft werden.

Handschriften

Bei der Begegnung mit anderen Personen nehmen wir eine ganze Reihe Informationen über unser Gegenüber unbewusst auf. Auch hier kann sich das Pendel als hilfreich erweisen, wenn es darum geht, etwa die Zuverlässigkeit eines neuen Geschäftspartners zu prüfen. Dennoch ist hier große Vorsicht geboten. Vorurteile und eigene blinde Flecke können zuweilen die Antwort des inneren Kindes verfälschen. Brechen Sie bitte nicht gleich nach der ersten negativen Meldung Ihres Unbewussten den Kontakt zu dem entsprechenden Menschen ab.

Ein Grund, warum Naturvölker, die noch erheblich mehr in den magischen Zusammenhängen der Welt leben, Angst vor dem Fotografieren haben, liegt in der Tatsache begründet, dass eine Fotografie eine Stoffprobe bzw. ein Sympathiemuster des Abgebildeten darstellt.

Um Antworten zu einer Person zu erhalten, ist gerade für den Anfänger die Stoffprobe sehr nützlich. Sie werden natürlich von dem besagten Geschäftspartner im seltensten Falle eine Haarlocke oder ein Kleidungsstück mit nach Hause nehmen können, aber eine eigenhändige Unterschrift ist nicht ganz so abwegig, und auch Fotos der betreffenden Person sind vermutlich nicht allzu schwierig zu bekommen. Die Handschrift einer Person kann also nicht nur graphologisch aussagekräftig sein, sondern ist eine geeignete Stoffprobe, um Fragen, die Sie zu dieser Person wissen wollen, mit Hilfe des Pendels beantwortet zu bekommen. Wenn Sie nun über der Handschrift einer Person zu pendeln beginnen und dabei nach Geschlecht, Alter, Familienstand, Beruf oder auch Charakter fragen, so überschreiten sie bitte nicht unnötig die Grenze der Diskretion.

Als Übung können Sie beispielsweise einmal versuchen, an alten handschriftlichen Aufzeichnungen herauszufinden, welche Schreiberin oder welcher Schreiber sich hinter der Handschrift verbirgt, in welcher Epoche sie oder er lebte und welchem Beruf sie oder er einst nachgegangen war.

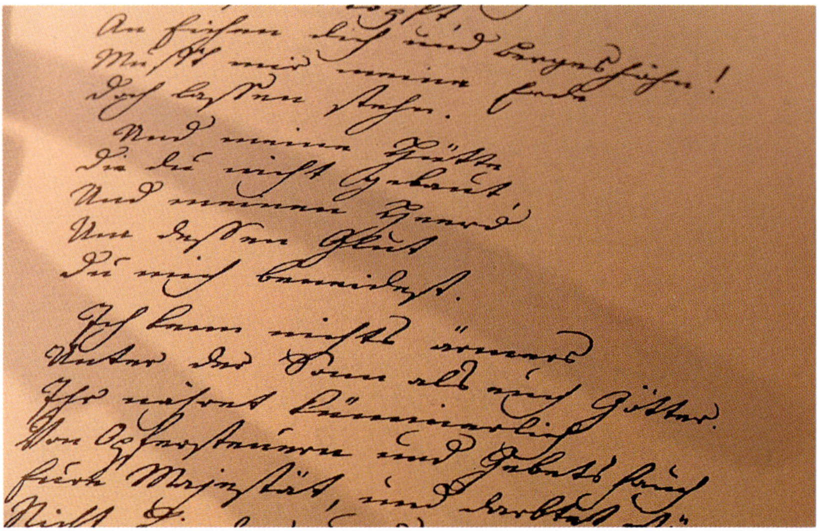

Die Handschrift – hier die von Johann Wolfgang von Goethe – ist eine geeignete Stoffprobe mit Aussagekraft zur Person.

Fotografien

Für den gleichen Zweck können Sie auch Fotografien heranziehen. Um diese Art der Befragung zu üben, lassen Sie sich von einem Freund ein Foto eines Ihnen bekannten Menschen in einem Umschlag versteckt geben und versuchen, mit gezielten Fragen Alter, Geschlecht, Beruf und so weiter herauszufinden, bis Sie denjenigen auf dem Foto identifiziert haben.

Mit einiger Übung können Sie im Prinzip wie über der Handschrift so auch über dem Foto eines Menschen, den Sie kennen gelernt haben, alle für Sie interessanten Fragen stellen. Sie können auf diese Weise sein Alter, seinen Familienstand, seine Vertrauenswürdigkeit, seine Vorlieben und seine Abneigungen und vieles mehr erfahren.

Fotos tragen nämlich, genau wie persönliche Gegenstände, den Schwingungsabdruck des abgebildeten Menschen in Form eines Sympathiemusters. Bedenken Sie aber, wenn Sie über Fotos pendeln und Fragen nach einer bestimmten Person stellen, ob Sie wollten, dass irgendjemand dies mit Ihrem Foto macht. Berücksichtigen Sie dabei stets gewisse ethische bzw. moralische Grundsätze.

Sie können natürlich auch anhand von Fotos zu ermitteln versuchen, welche Personen als Liebespaar, als Freundespaar oder als Geschäftspartner zueinander passen würden.

Versuchen Sie nun einmal anhand von Fotos (die auf der Rückseite allerdings gleich aussehen müssen – nötigenfalls kleben Sie die Fotos auf neutrales Papier oder stecken sie in Umschläge) herauszufinden, welche Person zu wem gehört. Dazu benötigen Sie die vier einzelnen Bilder von zwei Paaren. Entweder nehmen Sie Personen aus Ihrem Bekannten- oder Verwandtenkreis, oder Sie plündern Zeitschriften, in denen prominente Paare abgebildet sind. Mischen Sie die Fotos, legen Sie drei davon in einer Reihe vor sich hin, und halten Sie das vierte Foto in der Hand. Fragen Sie das Pendel der Reihe nach über jedem einzelnen Foto, welches der Partner desjenigen ist, den Sie gerade in der Hand halten.

Wenn das klappt, üben Sie mit drei oder vier Paaren und sechs oder acht Fotos, von denen Sie fünf bzw. sieben im Kreis vor sich hinlegen. Halten Sie das Pendel in die Mitte, und lassen Sie sich anzeigen, welches Foto den Partner dessen zeigt, den Sie in der Hand halten. Haben Sie die richtige Person erkennen können? Falls nicht, verlieren Sie nicht die Geduld, sondern versuchen Sie diese Übung in den nächsten Tagen einfach noch einmal.

Esoterisches Pendeln

Wenden wir uns nun dem Bereich des Pendelns zu, das sich in ganz besonderer Weise mit Ihrem Unbewussten auseinander setzt: dem so genannten esoterischen Pendeln. Denn hier sind es jetzt nicht mehr die Strahlungen der Umgebung, die das Pendel in Bewegung setzen, sondern ganz andere Quellen. Welche Ursachen es in diesem Fall sind, ist noch umstrittener als bei Wasseradern und Erzlagern. Sie haben ihren Ursprung in unserem Unbewussten. Ohne Zweifel sind sie vorhanden, wie Sie selbst feststellen können, wenn Sie beginnen, mit Ihrem Pendel persönliche Fragen zu stellen.

Das Pendel als Wegweiser zum Unbewussten

Vielleicht wollten Sie schon lange Näheres über Ihren Charakter, Ihre Gesundheit oder Ihren weiteren Berufsweg in Erfahrung bringen. Vielleicht suchen Sie auch seit längerer Zeit bereits nach einer Möglichkeit zur weiteren inneren Entwicklung. Für diese Suche kann Ihnen das Pendel ein wertvoller Wegweiser zu Ihrem Unbewussten sein. Um sich diesen Themen fachgerecht zu nähern, bieten Ihnen Pendeltabellen und Pendeldiagramme eine gute Möglichkeit, Ihre Fragen zu stellen und die entsprechenden Antworten auf sie zu bekommen.

Denken Sie daran, dass es zuweilen Themen geben kann, zu denen man zu bestimmten Zeiten keine Antworten durch das Pendel bekommt.

Wenn Sie das Pendeln zum Zweck der Persönlichkeitsfindung und Ihrer Entwicklung einsetzen möchten, werden Sie notwendigerweise an gewisse Grenzen stoßen, die aber ganz natürlich sind, denn Selbstfindung ist kein kontinuierlicher Prozess, sondern läuft in vielen einzelnen Schritten ab. Es ist aber eine lohnenswerte Erfahrung, die Sie mit dem Pendel machen können. Einen besonderen Rat sollten Sie hierbei beherzigen: Bevor Sie insbesondere in Sachen Persönlichkeitsfindung und innerer Entwicklung für andere das Pendel befragen und Ratschläge erteilen – auch wenn das noch so verlockend ist –, sollten Sie immer zuerst einmal für sich pendeln!

Pendeltabellen und ihre Aussagekraft

Pendeltabellen erfreuen sich großer Beliebtheit, denn sie sind eine elegante und schnelle Möglichkeit, an Informationen heranzukommen. Pendeltabellen sind zumeist kreisförmige und halbkreisförmige Tabellen, die in Sektoren aufgeteilt sind. Jeder Sektor kann mit einem Inhalt gefüllt werden. Um Antwort zu der gestellten Frage aus dem jeweiligen Themenkreis zu erhalten, justieren Sie Ihr Pendel über dem Mittelpunkt der Tabelle und warten, bis es in eine eindeutige Richtung zu schwingen beginnt. In diesem Sektor befindet sich die Antwort auf Ihre Frage. Das hört sich verlockend einfach an, doch diese Methode hat auch ihre Tücken. Eine kreisförmige Tabelle kann dazu führen, dass Sie die Bewegungsrichtung nicht eindeutig feststellen können, denn vom Mittelpunkt aus schwingt das Pendel möglicherweise in zwei einander gegenüberliegende Sektoren. Die zweite Schwierigkeit liegt darin, dass das Pendel nicht in alle Richtungen gleich frei schwingen kann, da es entweder nicht ganz rotationssymmetrisch ist oder auch, weil die Mikrobewegungen Ihrer Hand dem Pendel nicht mit gleicher Leichtigkeit alle Richtungen ermöglichen. Aus diesem Grund geht man besser von einem halbkreisförmigen Diagramm aus, das den Bereich von etwa 10 bis 20° Grad rechts und links nicht belegt.

Ziehen Sie nur Tabellen zum Pendeln heran, die Ihnen inhaltlich etwas sagen. Verwenden Sie also keine Tabellen, unter deren Begriffen Sie sich nichts vorstellen können.

Die Pendeltabellen haben in ihren Segmenten Stichworte stehen, die Ihnen einen Hinweis geben, in welche Richtung die Antwort geht. Im einfachsten Fall, wie etwa bei Zahlen, Farben, Himmelsrichtungen, ist die Antwort in den Tabellen ausreichend. Wenn Sie jedoch wissen wollen, welche Bachblütenessenz Sie zur Behandlung Ihres chronischen Schnupfens einsetzen sollen, dann müssen Sie sich unter den Bezeichnungen der einzelnen Bachblüten schon sehr genau etwas vorstellen können, denn sonst fällt die Pendelantwort leider sehr willkürlich aus. Machen Sie sich also vertraut mit den Themen, über die Sie Fragen stellen wollen, bevor Sie über vorgefertigten Diagrammen pendeln. Zu diesem Zweck finden Sie in diesem Buch gesonderte Tabellen, die Ihnen zu jedem Stichwort eine kurze Erklärung liefern, wenn die einzelnen Begriffe nicht selbsterklärend sind. Vertiefen Sie sich also zunächst in die Erklärungstabelle, dann stellen Sie Ihre Frage und lassen Ihr Pendel über dem entsprechenden Diagramm kreisen.

Fehlertabelle

Manche Radiästheten glauben, nur in einer bestimmten Himmelsrichtung und nur zu bestimmten Tageszeiten solle gependelt werden, weiter seien auch die Mondphasen zu berücksichtigen. Da die Gültigkeit dieser und anderer Vorschriften bisher nicht bewiesen werden konnte, gelten sie hier nicht als Fehlerquellen.

Es gibt in jeder Tabelle zu den bestimmten Themen ein Feld, das mit dem Wort FEHLER bezeichnet ist. Wenn Ihr Pendel in dieses Feld schwingt, dann sollten Sie auf jeden Fall vor dem weiteren Befragen über nachfolgender Fehlertabelle pendeln, um herauszufinden, warum das Pendel die Antwort verweigert und daher über dem Fehlerfeld schwingt. Hier sind einige der häufigsten Möglichkeiten aufgeführt, die Ursache für eine »Fehlermeldung« sein können. Sie sind nicht zu verwechseln mit den Technikfehlern, die durch falsche Handhabung oder Umwelteinflüsse entstehen.

Akzeptieren Sie den Hinweis, den Ihr Pendel Ihnen gibt, und modifizieren Sie gegebenenfalls die Frage. Wenn auch dann wieder der Fehlerhinweis erfolgt, beenden Sie für dieses Mal die Pendelsitzung, und versuchen Sie nicht, verbissen weiterzufragen. Denn das ergibt keinerlei sinnvolle Antworten. In diesem Fall will Ihr Unbewusstes derzeit nicht mit Ihnen kommunizieren. Versuchen Sie die Befragung ein paar Tage später wieder, und setzen Sie sich nicht unter Druck.

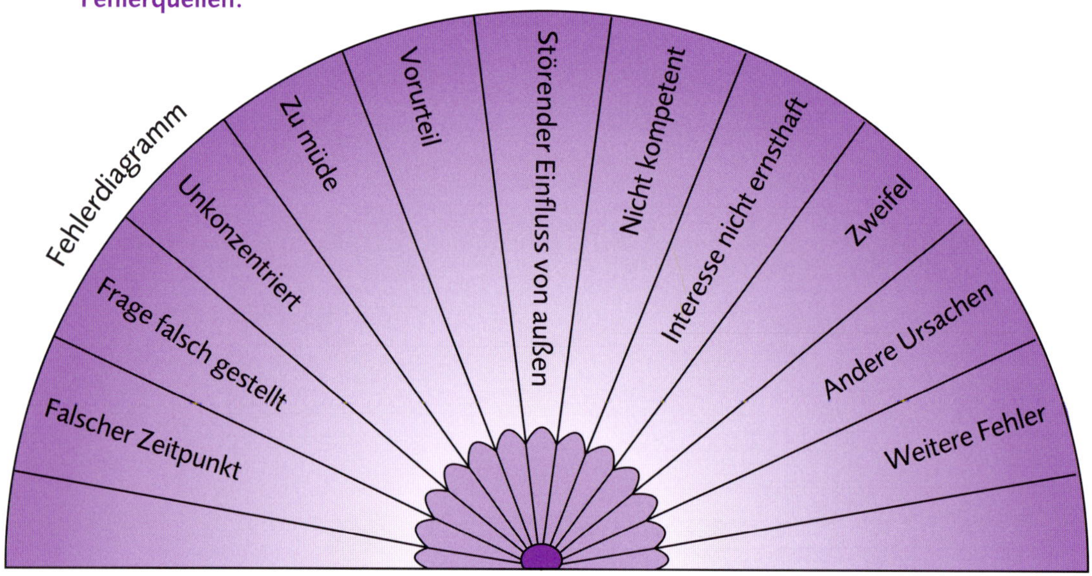

Gründe für Fehler

Fehler	Beschreibung
Falscher Zeitpunkt	Ihr Unbewusstes weiß, wann Sie die Antwort verkraften und annehmen werden. Jede andere Antwort wäre jetzt Selbstbetrug. Fragen Sie später.
Frage falsch gestellt	Überprüfen Sie Ihre Fragestellung. Ist eine eindeutige Antwort zu dem Thema möglich?
Unkonzentriert	Entspannen Sie sich, und halten Sie störende Gedanken von sich fern. Konzentrieren Sie sich auf Ihre Frage.
Übermüdet	Sie haben zu lange gependelt oder sind wirklich richtig müde. Beenden Sie die Befragung, und ruhen Sie sich aus.
Vorurteil	Sie haben leider eine vorgefasste Meinung zum Thema und wünschen sich oder befürchten eine bestimmte Antwort. Versuchen Sie es später noch einmal, wenn Sie über Wunsch oder Angst nachgedacht haben.
Störender Einfluss	Elektrische Ströme, Luftzug, eine störende Person, Erdstrahlen, Schmuckstücke, Vibrationen durch vorbeifahrende Fahrzeuge – wechseln Sie den Platz.
Nicht kompetent	Sie haben keinen Bezug zu dem Thema, das Sie befragen. Informieren Sie sich darüber bei Freunden, in Zeitschriften oder in der Fachliteratur.
Interesse nicht ernsthaft	Sie bekommen nur eine Antwort, wenn Sie wirklich die Information brauchen. Das hier war nur gespielt.
Zweifel	Sie glauben im Moment sowieso nicht daran, über das Pendeln eine sinnvolle Antwort zu erhalten. Zweifel gehen vorbei, versuchen Sie es später noch einmal.
Andere Ursachen	Prüfen Sie Ihre Sitzhaltung, reinigen Sie das Pendel unter fließendem Wasser, nehmen Sie ein anderes Pendel, oder denken Sie an ethische Grundsätze – die Privatsphäre anderer muss gewahrt bleiben.

Fügen Sie weitere Fehlergründe an, die Ihnen einfallen. Auf diese Weise können Sie am besten erfahren, warum Ihr Pendel immer wieder auf das Segment FEHLER schwingt.

Gesundheit auspendeln

Mit dem Pendel sind Sie natürlich durchaus in der Lage, Ihren Gesundheitszustand zu überprüfen und auch geeignete Heilmittel und Heilmethoden herauszufinden. Die direkteste Methode ist natürlich, über dem Körper selbst zu pendeln und dabei die Frage nach dem Krankheitsherd zu stellen. Setzen Sie dazu wiederum eine Hand ein, um sanft über den Körper zu streichen, und beobachten Sie die Reaktion des Pendels in der anderen Hand. Das geht bei anderen Personen sehr gut, bei sich selbst führt das allerdings möglicherweise zu ziemlichen Verrenkungen – versuchen Sie einmal, das Pendel aussagekräftig über Ihrem Lendenwirbelbereich schwingen zu lassen!

Heute gibt es zahlreiche Therapeuten, die Gebrauch von der medizinischen Radiästhesie machen, um sich über zweifelhafte Diagnosen Klarheit zu verschaffen. Die in den 40er Jahren entwickelte »Radionik«, eine Methode der instrumentellen radiästhetischen Diagnose, wird heute allerdings kaum noch eingesetzt.

In einem solchen Fall werden Sie genau wie beim Auffinden verlorener Gegenstände oder Personen eine Karte benutzen. Es gibt sehr detaillierte Anatomietafeln, die den Menschen in mehreren Schichten darstellen. Wenn Sie ein gutes Lexikon besitzen, schauen Sie dort einfach einmal nach. Ansonsten gibt es Schulbücher und allgemeinwissenschaftliche Werke mit derartigen Abbildungen. Sie brauchen nicht gleich das Fachbuch für den Anatomiestudenten dafür zu Rate zu ziehen.

Die Pendelmethode über diesen Karten gleicht derjenigen über Landkarten. Sie können damit aber nicht nur akute Beschwerden lokalisieren, sondern auch bereits geheilte Krankkeitsbereiche ermitteln.

Und wenn Sie beispielsweise ein wenig geübt in Massagetechniken sind, können Sie durch das Auspendeln über dem Körper recht präzise die verspannten Stellen orten, die es aufzulösen gilt.

Nachdem Sie Ihre Diagnose gestellt haben, sollten Sie aber dennoch einen Arzt oder Heiler aufsuchen, um ein zweites Urteil zu erhalten – so viel ist Ihnen Ihre Gesundheit sicherlich wert.

Heilmittel und Therapien

Heilmittel können Sie ebenfalls über das Pendel bestimmen, doch hier wird es meiner Meinung nach ein wenig problematisch mit den Tabellen und Tafeln. Wenn Sie sich zum Beispiel noch nie mit Bachblüten auseinander gesetzt haben, wird die Aussage Ihres Pendels über einer Tafel höchst unpräzise sein. Das gilt ebenso für Heilsalze, Kräutertees, homöopathische Mittel,

Heilmethode	Bedeutung
Bachblüten-therapie	Heilung seelisch bedingter Krankheitsursachen mit den hochpotenzierten Essenzen der 38 von Dr. Edward Bach entdeckten Wildpflanzen.
Aura-Soma-Therapie	Ganzheitliches Heilverfahren, in dem mit Farben, Düften, Edelsteinen usw. die gestörte Aura harmonisiert wird.
Farbtherapie	Die Schwingungen farbigen Lichtes können die Heilkräfte des Körpers aktivieren und wirken ebenfalls auf die Psyche ein.
Edelsteine/ Heilsteine	Reinigung und Harmonisierung der Chakras durch die Schwingungsfelder von Kristallen. Auflegen der Steine, Kristallwasser und Elixiere.
Reiki	Durch Handauflegen werden die Energieströme des Körpers harmonisiert. Auch Fernheilungen sind möglich.
Akupunktur	Nadeln unterschiedlicher Qualität werden in bestimmte Chi-Punkte entlang der Energiebahnen (Meridiane) des Körpers gesetzt, um den Energiefluss zu harmonisieren.
Schulmedizin	Gerätemedizin, Medikamentierung mit allopathischen Mitteln.
Homöopathie	Behandlung mit hochverdünnten Heilmitteln, die die körpereigene Abwehr aktivieren.
Autogenes Training	Selbstentspannung und Selbsthypnose mit Visualisierungstechniken, die die Selbstheilungskräfte aktivieren.
Aroma-therapie	Basierend auf der Kräutermedizin werden Duftstoffe eingesetzt. Ätherische Öle wirken keimtötend, sie stimulieren Hormone. Düfte harmonisieren auch den feinstofflichen Körper.
Bewegungs-therapie	Heilgymnastik, Bioenergetik, Feldenkrais usw. zur Stärkung des Körpers und zur Harmonisierung der Energieflüsse.
Andere	Es gibt noch weitere Therapieformen, fragen Sie Ihren Arzt oder Heiler. Oder besorgen Sie sich Lektüre zu den alternativen Heilmethoden.

Nicht nur bereits bestehende Krankheiten oder Allergien können Sie mit Hilfe des Pendels in Erfahrung bringen, auch zukünftige »Schwachstellen« Ihrer Gesundheit lassen sich ermitteln. Dadurch können Sie möglicherweise auftretenden Beschwerden vorbeugen.

Vitamine, Edelsteine, Aromaöle und Aura-Soma-Therapien. Zur Entscheidung, welche Mittel Sie einsetzen sollten, fragen Sie bitte lieber einen Arzt oder Heiler, der sich wirklich mit der Diagnosetechnik und den entsprechenden Therapien auskennt.

Bevor Sie für sich die richtige Heilmethode auspendeln, sollten Sie sich mit den einzelnen Therapien gründlich auseinander setzen.

Wenn Sie jedoch bereits einen Vorrat an derartigen Heilmitteln Ihr eigen nennen, weil Sie sich schon damit beschäftigt haben, spricht nichts dagegen, bei einem Krankheitsfall anhand der Stoffproben das richtige Mittel auszupendeln. Sie können etwa Ihre Edelsteine und Kristalle in einen Kreis legen und das Pendel befragen, welcher bei den vorhandenen Beschwerden eingesetzt werden soll. Auch über Fläschchen mit Bachblütenessenzen, Vitaminpräparaten, Duftölen oder homöopathischen Mitteln können Sie pendeln, doch sollten Sie vermeiden, verschreibungspflichtige Medikamente auszupendeln. Hier kann ein Pendelfehler – der leider nie ganz auszuschließen ist – zu gesundheitlicher Gefährdung führen. Holen Sie sich auf jeden Fall ärztlichen Rat. Das Gleiche gilt für Bachblütenessenzen und alle anderen Mittel. Hier ein Diagramm, mit dem Sie Ihr Unbewusstes nach einer Heilmethode fragen können.

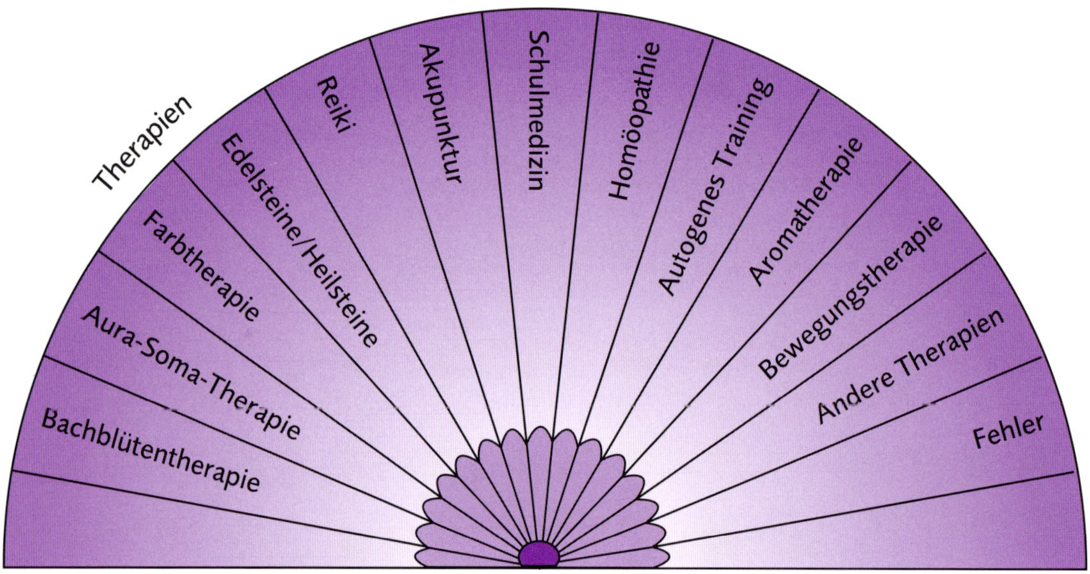

Ernährung und Lebensmittel

Häufig wird beschrieben, dass man das Pendel auch bei der Beurteilung von Lebensmitteln einsetzen kann. Sicher gibt das innere Kind gerne Auskunft darüber, dass es frisches Erdbeereis lieber haben möchte als ein altbackenes Brötchen oder einen ungesüßten Naturjoghurt. Machen Sie sich bitte in diesem Fall nicht abhängig von Ihrem Pendel. Noch ist auch die menschliche Nase in der Lage, verdorbene Lebensmittel zu erkennen, und ein Blick auf das Verfallsdatum löst die Frage, ob das gekaufte Lebensmittel noch frisch ist. Selbstverständlich ist die Energie eines aus natürlichen Zutaten hergestellten Essens höher zu bewerten als die aus industriell aufbereiteten Fertigmenüs. Wenn Sie wissen wollen, welches Brot von welchem Bäcker das verträglichste für Sie ist, dann probieren Sie es einfach aus. Natürlich können Sie auch in diesem Fall Ihr Pendel befragen.

Vielleicht haben Sie aber auch schon bemerkt, dass Ihnen das eine oder andere Lebensmittel nicht gut bekommt. Hier können Sie mit Hilfe des Pendels herausfinden, ob Ihnen das jeweilige Lebensmittel nur zu einem bestimmten Zeitpunkt nicht verträglich ist oder Sie gar eine Allergie darauf entwickelt haben. Möglicherweise haben Sie auch vor, Ihre ganze Ernährung beispielsweise auf Trennkost, vegetarische Kost oder auch auf makrobiotische Kost umzustellen. Auch in diesem Fall können Sie Ihr Pendel befragen, welche Ernährungsart derzeit für Sie die beste ist.

Beim Auspendeln eines Lebensmittels nehmen Sie dieses am besten als Stoffprobe in die Hand. Suchen Sie dagegen eine für Sie passende Ernährungsart, so entwerfen Sie für sich ein Diagramm, das verschiedene Ernährungsarten enthält. Anleitung siehe Seite 88f.

Kleine Charakterkunde

Welcher Beruf ist für mich der richtige? Warum habe ich Probleme mit meiner Partnerin, mit meinem Partner? Wo liegt die Ursache meiner Schmerzen? Was bedeutet dieser seltsame Traum?

Auf diese Fragen kann das innere Kind Antworten geben, wobei diese von den rationalen Antworten durchaus abweichen können. Doch bevor Sie Detailfragen über sich und andere stellen, sollten Sie als Erstes ein wenig – eigene – Charakterkunde betreiben. Für manche der Sie bedrängenden Fragen werden Sie vielleicht dann gar kein Pendel mehr benötigen. Wenn doch, so befähigt es Sie, genauere Fragen zu stellen. Und Sie wissen ja bereits, je präziser Sie fragen, desto besser kann Ihnen Ihr Unbewusstes antworten.

Selbstfindung

Die Befragung des Unbewussten zur Selbstfindung unterscheidet sich ein wenig von den zuvor beschriebenen Techniken, die mehr den technischen Aspekt des Pendelns betrafen. Dabei hatten Sie das innere Kind lediglich gebeten, von außen kommende Informationen, die ins Unterbewusstsein abgeglitten waren, wieder hervorzuholen. Jetzt müssen Sie es nach den »Geistern« befragen, die in Ihnen selbst wohnen. Manche von diesen »Geistern« leben im Schattenbereich, und das innere Kind in Ihnen wird sie hin und wieder nicht sehr gerne wecken wollen. Sie müssen also den richtigen Rahmen zur Zusammenarbeit aufbauen, und das bedeutet, dass Sie sich ein wenig mit Ritualen beschäftigen müssen, denn die Welt des inneren Kindes ist – wie bei allen Kindern – noch die magische Welt.

Vor der Befragung zur Selbstfindung schaffen Sie sich am besten ein festes oder auch feierliches Ritual, das Ihnen die Besinnung und die Abgrenzung zum Alltag erleichtert.

Für diese Pendelsitzungen, bei denen Sie sich um die Kenntnis Ihrer eigenen inneren Welt bemühen, sollten Sie ein besonders schönes, Sie gefühlsmäßig ansprechendes Pendel auswählen. Suchen Sie sich auch einen ruhigen Platz aus, an dem Sie von niemandem, auch von keinem Telefon gestört werden. Schalten Sie, wenn möglich, alle elektrischen Geräte in Ihrer Umgebung aus, und legen Sie auch Ihre batteriebetriebene Armbanduhr ab.

Eine friedliche Stimmung ist Voraussetzung für Fragen an das Selbst. In Hektik, den Kopf voller Probleme, plappernder Gedanken und unsortierter Tageseindrücke werden Sie keine befriedigenden Antworten bekommen. Aber Sie können mit einer stimmungsvollen Gestaltung Ihrer Umgebung den Weg zur inneren Ruhe leicht finden. Richten Sie den Tisch, an dem Sie pendeln wollen, dafür ein wenig her. Zünden Sie eine oder mehrere Kerzen an. Düfte, entweder Aromaöle, die aus Duftlampen aufsteigen, oder Räucherwerk machen den Geist offen für Botschaften aus dem Inneren. Suchen Sie sich einen Duft aus, der Ihnen persönlich besonders gut gefällt. Setzen Sie sich entspannt an Ihren Tisch, und atmen Sie ein paar Mal tief ein. Lassen Sie Ihre Gedanken zur Ruhe kommen, und bitten Sie dann Ihr inneres Kind mit ein paar freundlichen Worten, Ihnen bei der Suche nach Antworten behilflich zu sein. Sie können auch ein Gebet an Ihren Gott oder Ihre Göttin richten und um Unterstützung bitten, vor allem, wenn es sich um sehr ernste und wichtige Themen handelt.

Wenn Sie Ihr Pendel zur Hand nehmen, sollte Ihre erste Frage sein: »Ist jetzt die richtige Zeit, um Fragen zu diesem Thema über mich selbst zu stellen?« Akzeptieren Sie es, wenn das Pendel NEIN sagt, und versuchen Sie es zu einem späteren Zeitpunkt noch einmal. Nicht jeder Zeitpunkt ist gleich gut geeignet, um sich mit dem Unbewussten zu beschäftigen, in dem auch unangenehme Erkenntnisse und noch nicht verarbeitete Erfahrungen verborgen sein können. Antwortet Ihnen das Pendel jedoch mit JA, dann stellen Sie die Frage, die Sie beantwortet haben wollen.

Das Enneagramm-Modell

Menschenkenntnis ist eine gute Sache, doch die Datenbank, die Sie über Ihre Mitmenschen durch Erfahrungen und Erlebnisse in Ihrem Inneren aufgebaut haben, ist meist sehr unsystematisch gestaltet und durch persönliche Gefühle und Bezüge geprägt. Es hilft Ihnen also bei der Pendelbefragung sehr wenig, wenn Sie beispielsweise Raster wählen wie: entlädt seinen Zorn wie mein Bruder, verhält sich zu kleinen Kindern wie Tante Maria oder wickelt Geschäfte wie mein Nachbar ab etc.

Bedenken Sie stets, dass es besonders bei der Beschäftigung mit dem eigenen Charakter Themen geben kann, zu denen man zu bestimmten Zeitpunkten keine Antwort erhält. Vertagen Sie in einem solchen Fall die Befragung.

Da diese Problematik die Menschen aber schon immer beschäftigt hat, gibt es einige Modelle, die die Charaktereigenschaften der Menschen in ein mehr oder weniger brauchbares System unterteilt haben.
Eines davon ist Ihnen sicher sehr geläufig – es ist das astrologische Bild, das jedem Menschen entsprechend seinem Sternzeichen bestimmte Eigenschaften zuspricht. Wenn Sie wollen, können Sie diese Zwölfteilung verwenden, um den Charakter eines Menschen herauszufinden. Wundern Sie sich nicht, wenn derjenige, dessen extrovertierten Löwencharakter Ihr Pendel anzeigt, eigentlich vom Geburtsmonat her ein schüchterner Krebs ist. Die astrologische Disposition eines Menschen hängt von weit mehr Faktoren ab als nur vom Sonnenstand zur Zeit der Geburt. Wählen wir hier besser ein anderes Modell der Typologisierung und überlassen die Sterne den Astrologen.
Die Herkunft des Enneagramms, das ein jahrhundertealtes Modell der Welt- und Menschendeutung ist, kann nicht eindeutig bestimmt werden. Es gibt Vermutungen, dass sogar die Chaldäer vor mehr als 3000 Jahren bereits damit gearbeitet haben. Sicher ist jedoch, dass das Enneagramm-Modell, das die Menschentypen in neun Kategorien mit weiteren Untergruppen aufteilt,

Der Begriff Enneagramm stammt aus dem Griechischen und bedeutet »Neunerfigur«. Dieses alte Modell der Menschentypen weist noch einmal neun Unterteilungen auf, nach denen ein Charakter noch präziser bestimmt werden kann.

von dem spirituellen Lehrer George Ivanovitsch Gurdjieff (ca. 1877–1940) in den Westen gebracht und in seinem »Institut zur harmonischen Entwicklung des Menschen« in der Nähe von Paris als kosmisches Symbol und als Modell für Prozesse der Bewusstseinstransformation verwendet wurde. Nach Deutschland kam die ursprünglich islamische, später christianisierte Neunerfigur zunächst über die Exerzitienarbeit der Jesuiten. Populär wurde das Neunerschema, das östliche Mystik mit westlicher Psychologie und Psychotherapie verbindet, ungefähr vor zehn Jahren durch Vorträge, Workshops und das Buch »Das Enneagramm – die neun Gesichter der Seele« von Richard Rohr und Andreas Ebert.

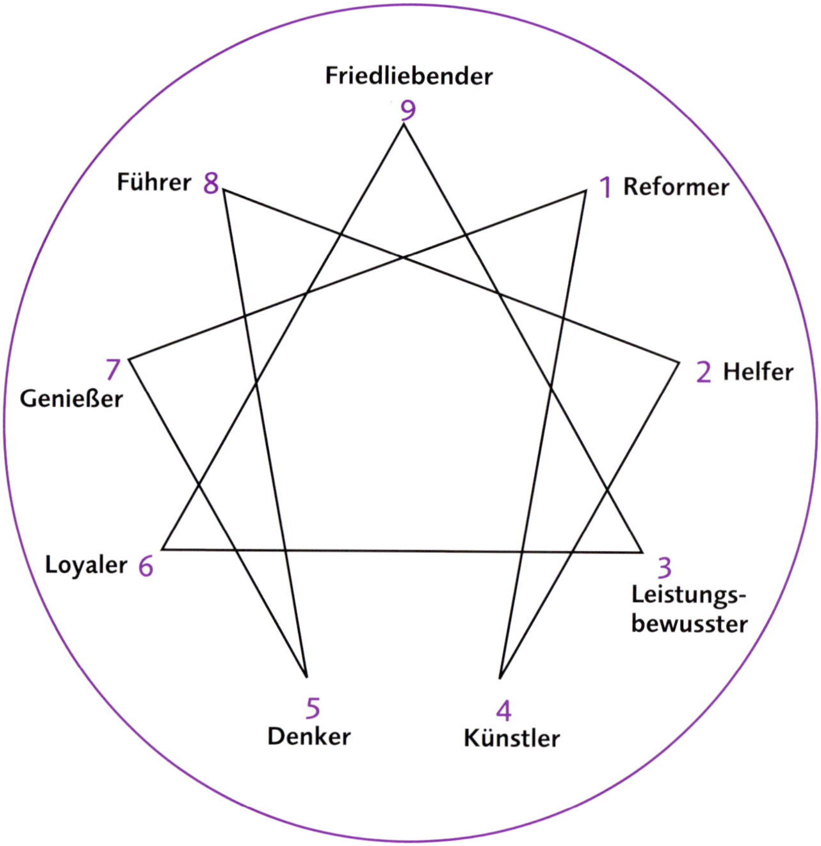

Die Charaktergrundtypen

Aufgeteilt werden die neun Persönlichkeitstypen des Enneagramms in drei Gruppen: in die Gefühlstriade der herzzentrierten Menschen, in die Handlungstriade der kopfzentrierten, in die Beziehungstriade der bauchzentrierten Menschen.

- Menschen der Gefühlstriade ist gemeinsam, dass ihr Gefühlsleben das Zentrum ihrer Neigungen, ihres Handelns und Denkens und auch ihrer sonstigen Eigenschaften ist.
- Die Vertreter der Handlungstriade verbindet alles, was sich auf das Handeln (oder auch Nichthandeln) bezieht, durch Denken und Ratio.
- Und bei den Menschen der Beziehungstriade steht alles im Mittelpunkt, was eine Rolle in Beziehungen zu anderen Menschen spielt.

Jede dieser Triaden beinhaltet drei Grundtypen, die einen ersten Anhaltspunkt zum Charakter liefern können. Lesen Sie sich zunächst die Tabelle auf Seite 70 durch, und pendeln Sie dann über dem unten stehenden Diagramm.

Auch wenn wir uns in manchen Situationen anders verhalten bzw. handeln und denken, gehören wir zu einem bestimmten Grundtyp, der eben individuelle Facetten aufweist. Unsere Mitmenschen zumindest sehen in uns diesen bestimmten Charaktergrundtyp.

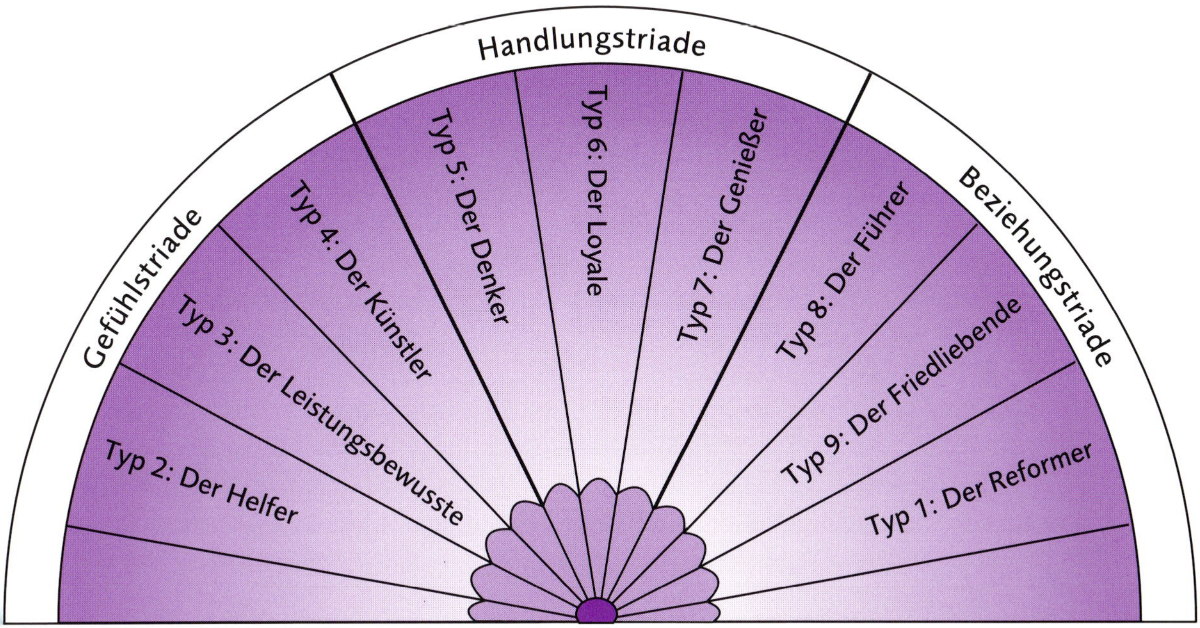

Persönlichkeitstypen	Kurzbeschreibung
Typ 2: Der Helfer/ Die Helferin	möchte von anderen gebraucht werden, bringt seine Gefühle durch Hilfsbereitschaft zum Ausdruck, kann aber auch mit Gefühlen manipulieren. Hat Angst, nicht geliebt zu werden.
Typ 3: Der/Die Leistungbewusste	möchte – und kann andere beeindrucken, ist selbstsicher und motivierend, braucht aber Bestätigung und äußere Darstellung seines Status. Hat Angst davor, zurückgewiesen zu werden.
Typ 4: Der Künstler/ Die Künstlerin	drückt seine Gefühle in Schönem oder in Kunstwerken aus, liebt es aber, sich zurückzuziehen, um nicht zuviel preiszugeben. Ist ständig auf der Suche nach sich selbst.
Typ 5: Der Denker/ Die Denkerin	betrachtet die Welt analytisch und durchdringt komplexe Probleme. Kann aber auch – in seine eigenen Theorien verliebt – zum Fanatismus neigen.
Typ 6: Der/Die Loyale	verlangt Sicherheit von »oben«, ist dafür aber verantwortungsbewusst und zuverlässig, hängt an Traditionen. Treuer Freund und Familienmensch.
Typ 7: Der Genießer/ Die Genießerin	will Spaß vom Leben haben, ist überschwänglich, mitreißend und lebt ganz im Hier und Jetzt. Kann aber auch recht egoistisch seinen Vergnügungen nachgehen.
Typ 8: Der Führer/ Die Führerin	möchte unabhängig sein und ist freiheitsliebend, kann sich durchsetzen, andere beschützen und fördern, kann aber auch zur Herrschsucht neigen.
Typ 9: Der/ Die Friedliebende	meidet unangenehme Dinge und Konflikte und versucht das Verbindende zu finden. Kann emotional stabil sein, ein Fels in der Brandung – oder passiv und resigniert.
Typ 1: Der Reformer/ Die Reformerin	strebt nach Gerechtigkeit und Fairness, ist tolerant und von hohen Prinzipien, kann jedoch auch zu Vorurteilen neigen und moralisierend wirken.

Das Gebiet der psychologischen Radiästhesie steht zwar noch in den Anfängen, wird jedoch bereits von etlichen Psychotherapeuten als zusätzliche Methode eingesetzt.

Innere Entwicklung

Wenn Sie das Pendel nach Ihrem Persönlichkeitstyp befragt haben, kann es sein, dass Sie mit dem Ergebnis nicht zufrieden sind, weil Sie sich nicht in eine der neun Schubladen stecken lassen wollen. Aber bedenken Sie, dass natürlich kein Mensch so eindeutig definiert ist, dass er nicht noch viele weitere Facetten aufweist als nur seinen Grundtyp. Sie werden feststellen, dass eine der neun Beschreibungen zwar ganz gut passt, aber hier noch ein bisschen von Typ drei, da noch ein wenig von Typ sieben in Ihnen ist. Das ist ganz natürlich und hängt manchmal von der Tagesform, vom Thema oder von der persönlichen Entwicklungsstufe ab.

Das Pendel zum eigenen Charakter zu befragen bietet den großen Vorteil, dass Sie sich die unangenehmen Wahrheiten selbst sagen und nicht ein anderer sich dazu bemüßigt fühlt. Natürlich können Sie Ihr Pendel mit den Worten: »Ist ja doch nur Mist!« zornschnaubend in die Ecke werfen und alles beim Alten lassen. Sie können aber auch in sich gehen und darüber nachdenken, welche Antwort Sie mehr befriedigt hätte. Und wenn Sie die herausgefunden haben –, durch Nachdenken, Meditation oder weitere Pendelbefragung –, dann versuchen Sie sich in diese Richtung zu entwickeln. Resignieren Sie nicht. Man kann alles, was man will. Vorausgesetzt, man weiß auch, was man tatsächlich will. Eine Entwicklungsmöglichkeit besteht darin, im eigenen Charaktertyp die eigenen Schwächen zu erkennen und die positiven Seiten stärker herauszuarbeiten. So kann etwa der Genießer seinen Egoismus dämpfen und dafür mit seiner Lebenslust andere mitreißen.

Sowie Sie sich mit Fragen über Ihren eigenen Charakter auseinander setzen, werden Sie unweigerlich das Bedürfnis verspüren, sich an dem einen oder anderen Punkt ändern zu wollen.

Das Enneagramm zeigt aber nicht nur auf, welcher Charaktergrundtyp einem Menschen zugeordnet werden kann, sondern es führt auch mit seinem Integrationslinienmodell viele weitergehende Möglichkeiten zur inneren Entwicklung vor. Denn um zu einem selbstverwirklichten Menschen eines der neun Typen zu werden, stellen die so genannten Integrationslinien die psychologischen Prozesse dar, die im Menschen vor sich gehen. So kann sich etwa ein durchschnittlicher Helfertypus beispielsweise durch die Entwicklung der positiven »Künstlereigenschaften« weiterentwickeln.

Wenn Sie das Pendel benutzen, um sich selbst kennen zu lernen und weiterzuentwickeln, haben Sie mit dem Enneagramm-Modell eine Landkarte, die

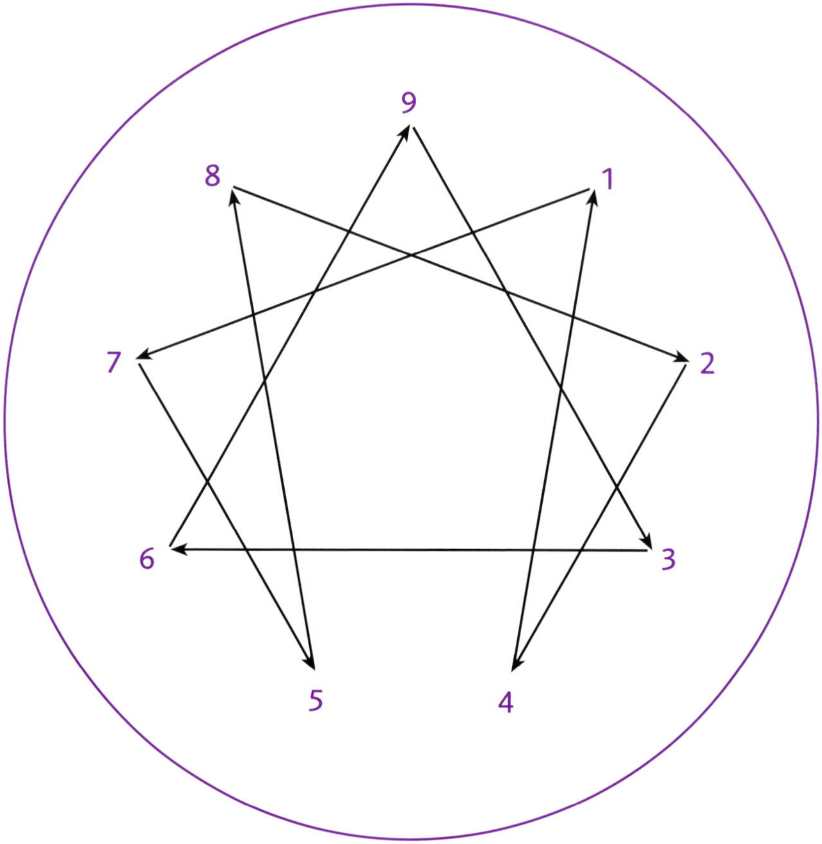

Je nach Sichtweise dringen Sie mit dem Pendel in das Gebiet der Magie oder der Psychologie ein. Und wenn Sie hierbei in den Dialog mit sich selbst treten, sind Sie etwas ganz Besonderes, das Sie mit der entsprechenden Haltung würdigen sollten.

zeigt, wo Sie stehen, wohin Sie gehen und wie die Entwicklungsschritte vorangehen. Und wenn ein Mensch sich auf den Weg macht, Selbsterkenntnis zu üben und sein Bewusstsein zu erweitern, dann melden sich fast immer auch die Träume. Denn in unseren Träumen spricht die Seele zu uns. Daher wollen wir uns nun auch der Traumdeutung als einem weiteren mit dem Pendel zu erforschenden Bereich zuwenden.

Traumdeutung

Jeder Mensch träumt, und mit ein bisschen Übung erinnert sich auch jeder an seine Träume. Doch nicht jeder Traum ist gleich wichtig, und manchmal ist es sehr schwer zu unterscheiden, ob es sich nur um die im Schlaf stattfindende Bewältigung der Informationsflut und der täglichen Probleme handelt, oder ob es um einen bedeutungsvollen Traum geht, den es im Detail zu erforschen und zu deuten gilt. Schreiben Sie Ihre Träume – soweit Sie sich erinnern – möglichst gleich nach dem Aufwachen in ein bereitgelegtes Traumtagebuch, dann vergessen Sie keine Details, und Sie können nebenbei auch verfolgen, ob Sie immer wieder dasselbe, nämlich immer wieder ähnliche Motive oder Situationen träumen. Übrigens erinnern Sie sich in der Regel leichter an Ihre Träume, wenn Sie sich vor dem Zubettgehen fest vorgenommen haben, dass Sie sich an sie erinnern möchten.

Zur Erforschung Ihrer Träume können Sie dann über dem nachfolgenden Traumdeutungsdiagramm herausfinden, um welche Art Traum es sich bei Ihnen handelt. Was die jeweiligen Begriffe in den Segmenten im Einzelnen bedeuten, können Sie der Erklärungstabelle auf Seite 74 entnehmen.

Bei Träumen, bei denen Sie den Hinweis auf die Symboldeutung finden, sollten Sie ein gutes Traumbuch zu Rate ziehen, um dort die einprägsamen Bilder nach ihrer jeweiligen Bedeutung nachzuschlagen.

Geben Sie sich vor dem Einschlafen den Befehl, sich morgens an Ihre Träume zu erinnern, und beobachten Sie, wie häufig Ihnen das gelingt. Schon nach kurzer Zeit werden Sie feststellen, dass Sie sich auch darin üben können.

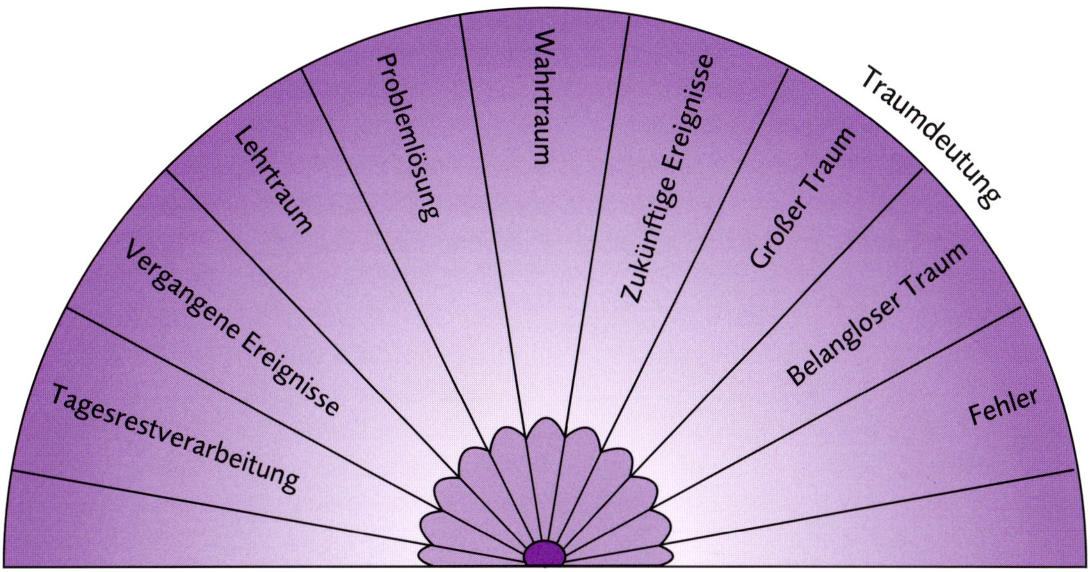

Qualität	Bedeutung
Tagesrest-verarbeitung	Ihr Unbewusstes räumt Ereignisse und Informationen des vergangenen Tages auf. Deutung erübrigt sich.
Vergangene Ereignisse	In diesem Traum sind verschüttete Erinnerungen aus der Vergangenheit hochgekommen. Sie sollten sich diesen Erlebnissen stellen. Deuten Sie die Symbole.
Lehrtraum	Sie befinden sich in einer Entwicklungsphase, und Ihr Unbewusstes will Ihnen helfen weiterzukommen. Oft Träume mit Schul-, Studien- oder Prüfungsszenen. Beschäftigen Sie sich damit, deuten Sie die Symbole.
Problemlösung	Sie haben sich seit einiger Zeit mit einem Problem herumgeschlagen, im Traum wird Ihnen die Lösung angeboten. Analysieren Sie Ihren Traum in Hinblick auf das anstehende Problem. Symbole deuten!
Wahrtraum	Sie haben etwas geträumt, das an anderer Stelle in dieser Welt tatsächlich geschehen ist.
Zukünftige Ereignisse	Sie haben von einem Ereignis geträumt, das in dieser oder ähnlicher Form eintreten kann. Beachten Sie die Warnungen, und handeln Sie entsprechend.
Großer Traum	Sie stehen an einem Wendepunkt im Leben, und der Traum weist Ihnen die Richtung. Symbole deuten!!
Belangloser Traum	Unwichtiges Kaleidoskop aus allerlei Traumresten.

Deutet Ihr Pendel auf das Feld FEHLER, so schlagen Sie bitte das Kapitel »Störungen und Fehler« auf Seite 60f. auf, um nachzuforschen, um welche Art Fehler es sich handeln könnte.

Partnerschaft und Beziehung

Warum funktioniert das Zusammenleben mit dem einen Menschen gut, mit dem anderen jedoch überhaupt nicht? Das Erste ist eine Frage der Sympathie, Antipathie oder der Neutralität. Brauchen Sie hierfür ein Pendel? Ich denke, wenn Ihnen jemand sympathisch oder unsympathisch ist, bemerken Sie das auch ohne Hilfsmittel.

Etwas ganz anderes ist es, nach dem vorherrschenden Thema einer Partnerschaft zu fragen und mit dem Pendel festzustellen, welches Thema derzeit im Mittelpunkt für den einzelnen Partner steht. Die Antwort lässt dann sehr schnell auf die möglichen oder bereits vorhandenen Probleme in der Beziehung schließen.

Bei Problemen in der Partnerschaft können Sie über dem Diagramm »Problemlösung« auf Seite 76 pendeln. Seien Sie aber nicht ungehalten, falls Sie eine völlig unerwartete oder unliebsame Antwort erhalten. Denken Sie über diese Antwort nach. Vielleicht kann dies schon der erste Schritt zur Beseitigung der Probleme sein.

Bei dem Thema Partnerschaft und Beziehung sollten Sie sich verstärkt um eine geistig neutrale Haltung bemühen, damit nicht etwa bestimmte Wünsche oder Einstellungen Ihr Pendelergebnis verfälschen.

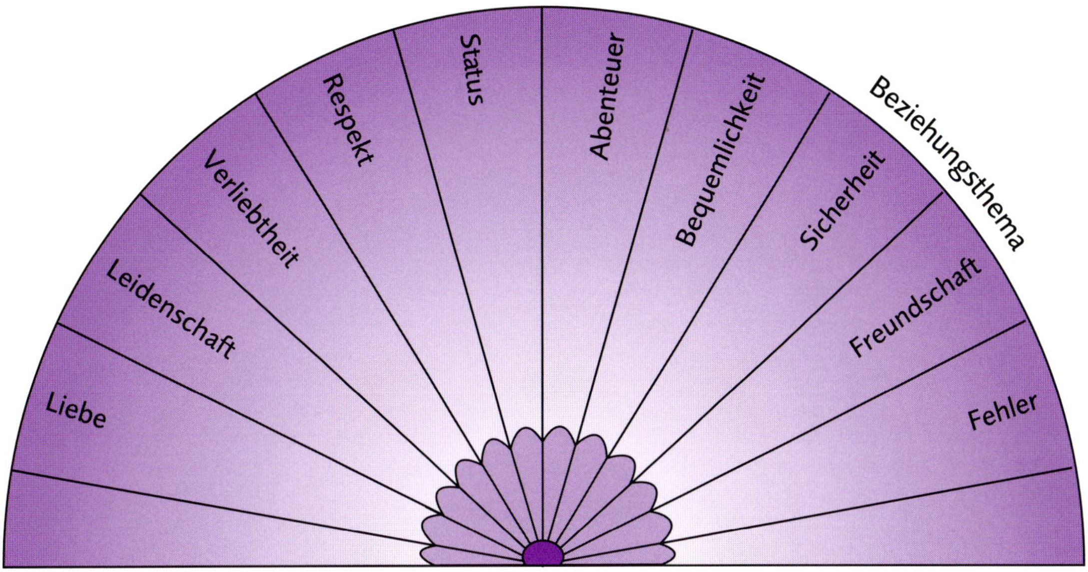

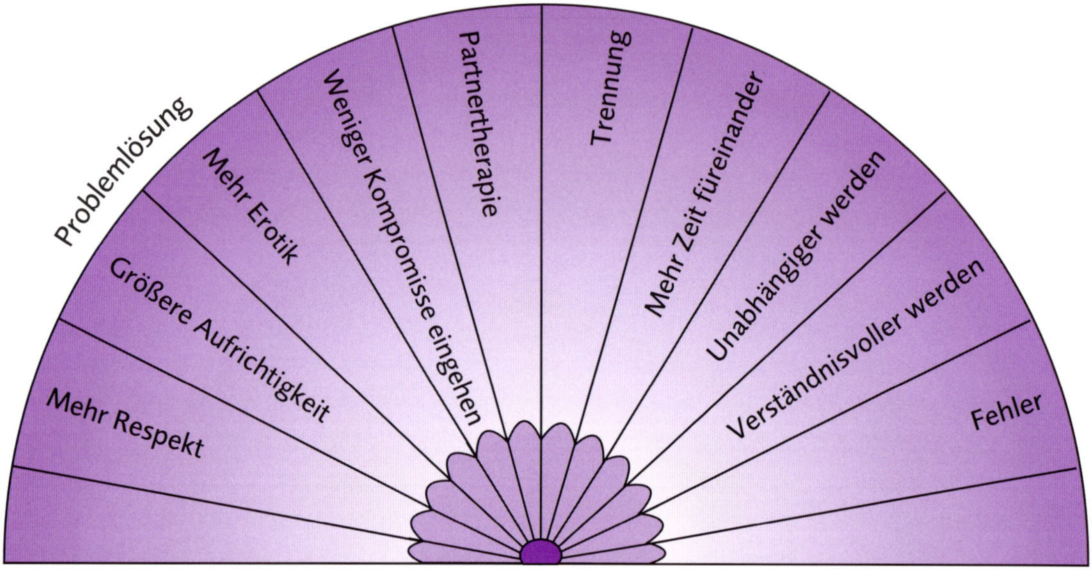

Beruf und Arbeitsplatz

Wenden Sie sich der Frage der Berufswahl möglichst nur in einer ruhigen und ausgeglichenen Stimmung zu. Denn erst wenn es Sie zu dieser Frage geradezu drängt, hat sich Ihr Unbewusstes auf diese Frage schon »eingeschwungen«.

Ein weiteres, nicht zu unterschätzendes Thema, das Sie mit dem Pendel untersuchen können, ist Ihre Neigung zu bestimmten Berufen. Nicht nur nach dem Schulabschluss steht dieses Thema an, sondern unter Umständen kann es auch in Verbindung mit einem Stellenwechsel oder einem Neuanfang auf Sie zukommen. Nicht immer ist der Beruf, den wir zu Beginn unserer Erwerbstätigkeit anstreben, wirklich von der inneren »Berufung« geleitet. Prüfen Sie einmal, was Ihr inneres Kind heute zu dem Thema Beruf sagt. Ist es noch mit Ihrer einstigen Wahl zufrieden? Oder fühlt es sich womöglich zu einer ganz anderen Berufssparte hingezogen? Aber entwerfen Sie bitte nicht sofort ein Kündigungsschreiben, wenn Ihr Pendel einen anderen als Ihren derzeitigen Beruf angeben sollte. Denken Sie erst einmal gründlich über das Phänomen nach. Vielleicht lässt sich mittelfristig das eine oder das andere sogar miteinander verbinden. Wenn Sie eine Richtung gefunden haben, in die es Sie zieht, dann pendeln Sie über dem entsprechenden Diagramm weiter, bis Sie mehr Antworten erhalten.

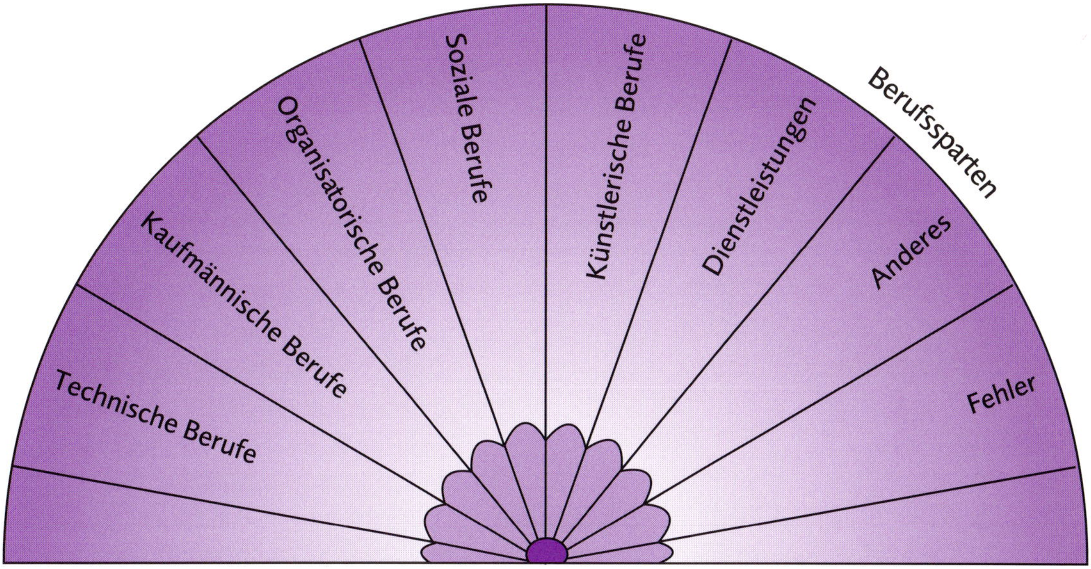
Berufssparten
Technische Berufe
Kaufmännische Berufe
Organisatorische Berufe
Soziale Berufe
Künstlerische Berufe
Dienstleistungen
Anderes
Fehler

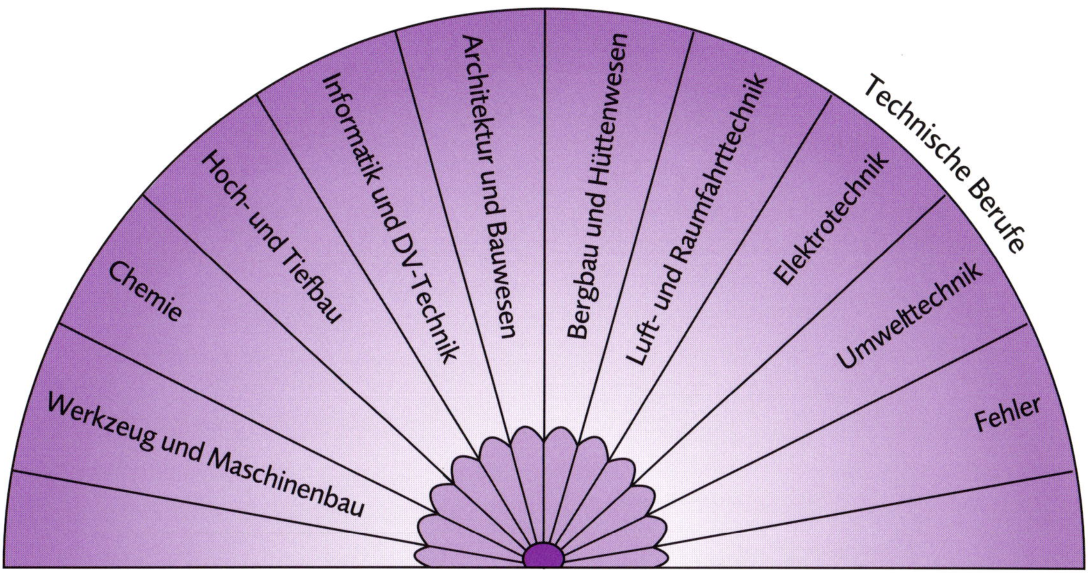
Technische Berufe
Werkzeug und Maschinenbau
Chemie
Hoch- und Tiefbau
Informatik und DV-Technik
Architektur und Bauwesen
Bergbau und Hüttenwesen
Luft- und Raumfahrttechnik
Elektrotechnik
Umwelttechnik
Fehler

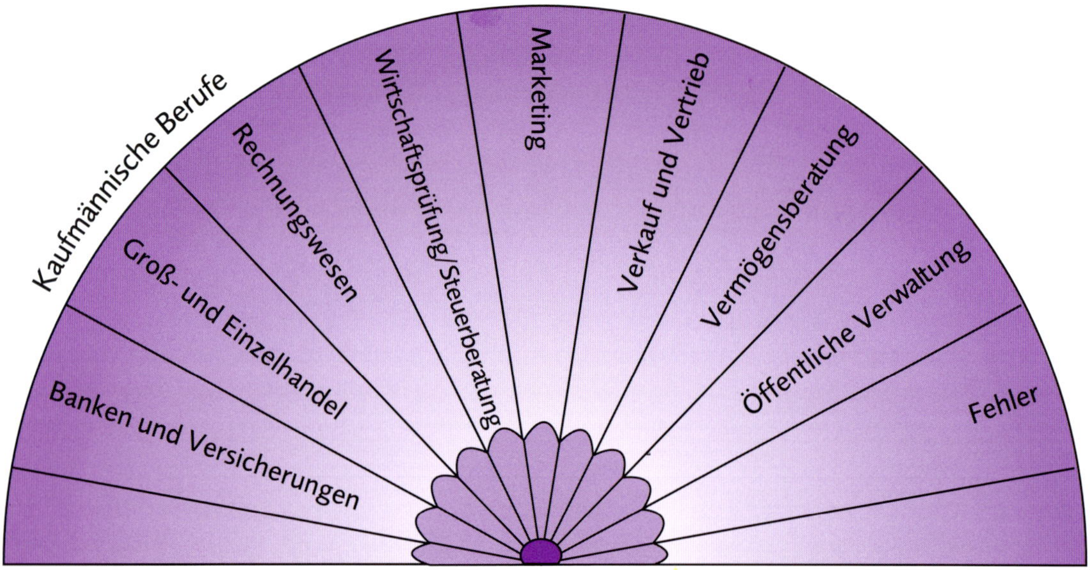
Kaufmännische Berufe
Banken und Versicherungen
Groß- und Einzelhandel
Rechnungswesen
Wirtschaftsprüfung/Steuerberatung
Marketing
Verkauf und Vertrieb
Vermögensberatung
Öffentliche Verwaltung
Fehler

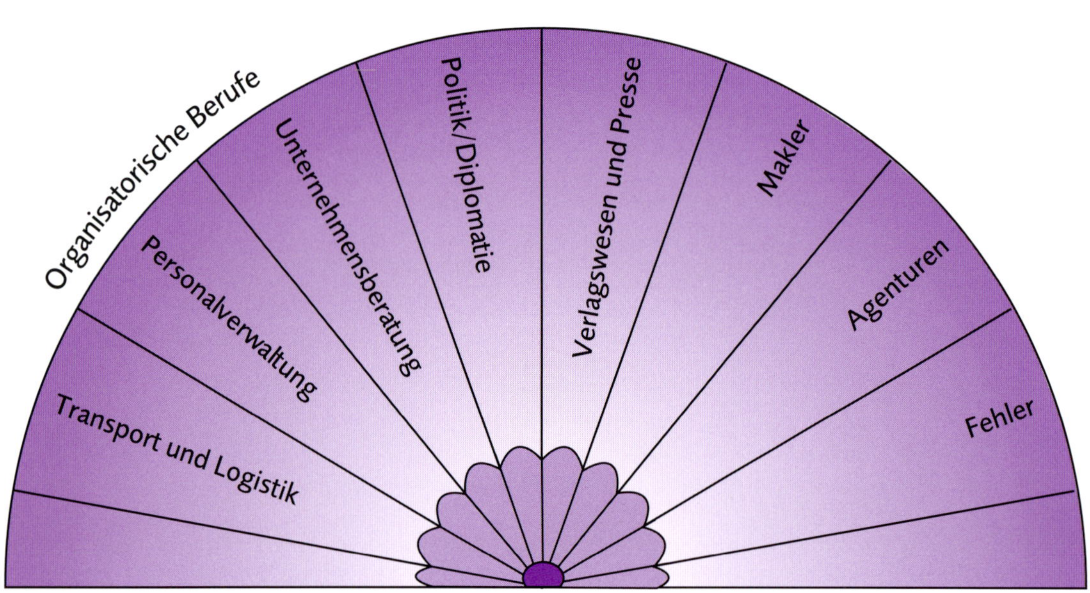
Organisatorische Berufe
Transport und Logistik
Personalverwaltung
Unternehmensberatung
Politik/Diplomatie
Verlagswesen und Presse
Makler
Agenturen
Fehler

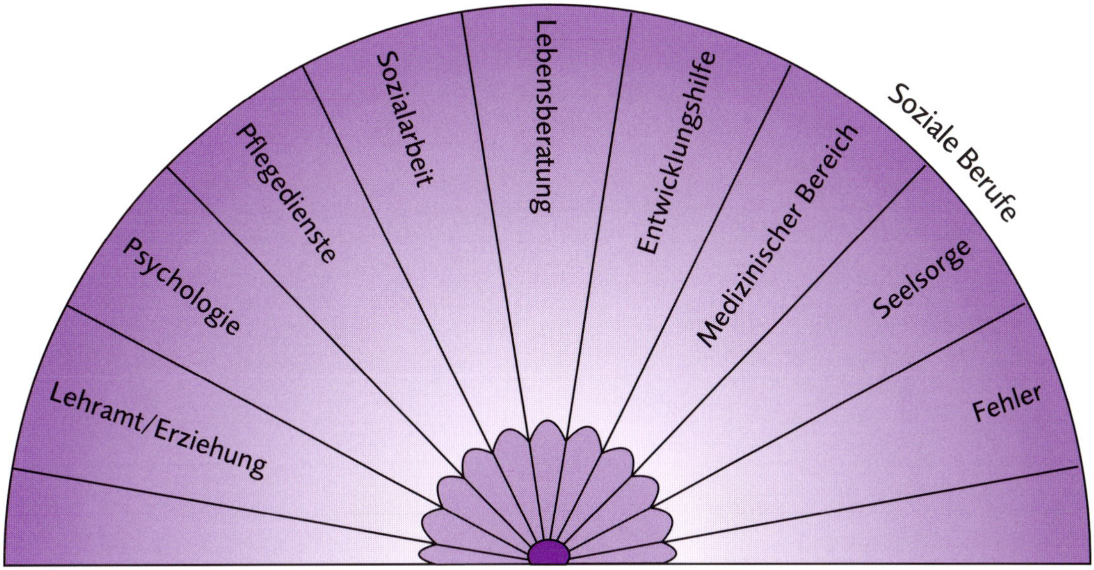
Soziale Berufe
Lehramt/Erziehung
Psychologie
Pflegedienste
Sozialarbeit
Lebensberatung
Entwicklungshilfe
Medizinischer Bereich
Seelsorge
Fehler

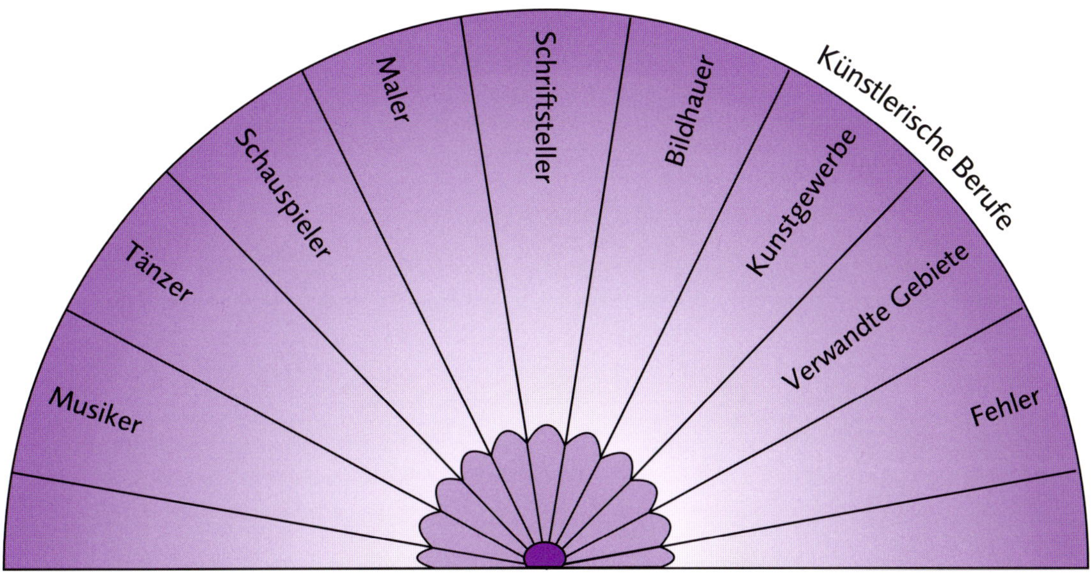
Künstlerische Berufe
Musiker
Tänzer
Schauspieler
Maler
Schriftsteller
Bildhauer
Kunstgewerbe
Verwandte Gebiete
Fehler

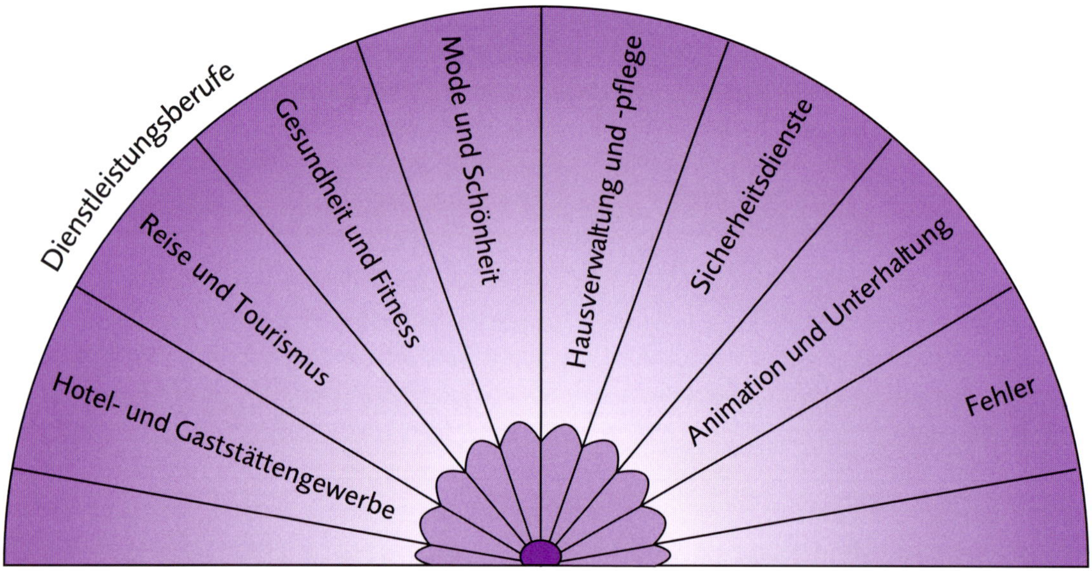

Haben Sie einen neuen Beruf für sich ausfindig gemacht, so gilt es natürlich, sich auch um die näheren Fragen zu diesem Beruf zu bemühen, wie beispielsweise: »Habe ich auch die richtige körperliche Verfassung?« oder »Habe ich genügend Einfühlungsvermögen?« etc.

Diese Auswahl der Berufe erhebt keinen Anspruch auf Vollständigkeit, kann Ihnen aber zumindest die Richtung weisen. Wenn Sie eine der Sparten für sich als wünschenswert ausgependelt haben, können Sie zur Feinabstimmung eigene Karten gestalten (siehe Kapitel »Eigene Karten entwerfen«, Seite 88f.), um den Beruf einzugrenzen.
Eine weitere Möglichkeit besteht darin, dass Sie Stellenanzeigen aus diesem Bereich sammeln und über diesen das Pendel befragen, ob die beschriebene Tätigkeit Ihnen liegt. Das können Sie mit Ja-Nein-Fragen über jeder Anzeige machen, oder Sie legen die ausgeschnittenen Anzeigen im Kreis vor sich und pendeln mit der Entscheidungsfrage diejenige aus, die Ihnen Ihr innerer Ratgeber empfiehlt. Üben Sie sich auch hier in Geduld, denn wie bereits erwähnt, kann es zahlreiche Gründe geben, warum das Pendel eine Fehlermeldung macht.
Zufrieden mit seinem Beruf zu sein ist eine wichtige Voraussetzung, um ein ausgefülltes Leben zu führen. Aber auch wenn Neigung und Tätigkeit übereinstimmen, kann es Probleme geben. Sie können Ihr Pendel fragen, welche Möglichkeiten zur Lösung Ihr innerer Berater vorschlägt. Es kann natürlich

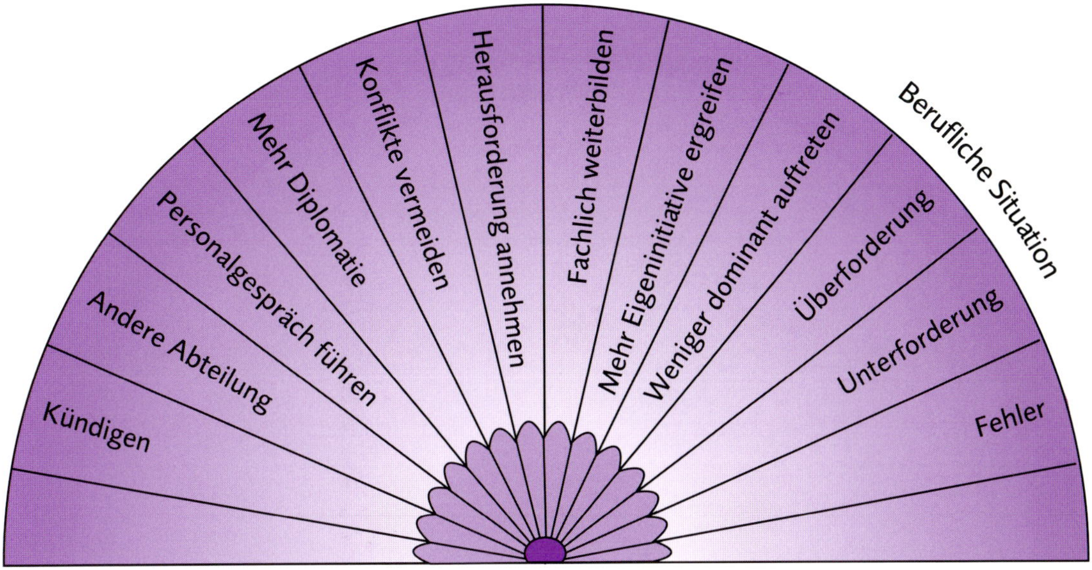

sein, dass es Ratschläge sind, die Ihnen unbequem erscheinen – aber gerade dann sollten Sie sich die Zeit nehmen, darüber besonders intensiv nachzudenken. Es erweist sich meistens als Vorteil, größere Veränderungen im Leben gut zu durchdenken.

Vielleicht sind Sie aber auch gerade auf der Suche nach einem neuen Job und müssen dabei aus der – hoffentlich vorhandenen – Fülle an Angeboten auswählen. Auch hier kann Ihnen das Pendel Unterstützung bieten, zumal wenn Sie unschlüssig sind. Nehmen Sie die Anzeigen oder Angebote, die Ihnen vorliegen, und fragen Sie über jeder, ob diese Stelle für Sie geeignet ist. Aber machen Sie eine solche Befragung wirklich nur, wenn Sie die ernsthafte Wahl unter mehreren Angeboten haben. Wenn Sie sich sowieso sicher sind, dass eine der Tätigkeiten Sie anspricht, dann brauchen Sie kein Pendel mehr. Allerdings kann es interessant sein, nach einem Vorstellungsgespräch Ihren Eindruck zu prüfen, der sich zunächst einmal vielleicht nur durch ein undifferenziertes Hochgefühl oder durch eine unbestimmte Niedergeschlagenheit bemerkbar macht. Lassen Sie ein paar Stunden verstreichen, bis Sie sich von der Aufregung beruhigt haben, und befragen Sie dann das Pendel.

Unbewusst wissen Sie vermutlich schon sehr gut, woran die Schwierigkeiten am Arbeitsplatz liegen, aber vielleicht wollen Sie sich das bis jetzt nur noch nicht eingestehen. Versuchen Sie mit Hilfe des Pendels Klarheit zu schaffen.

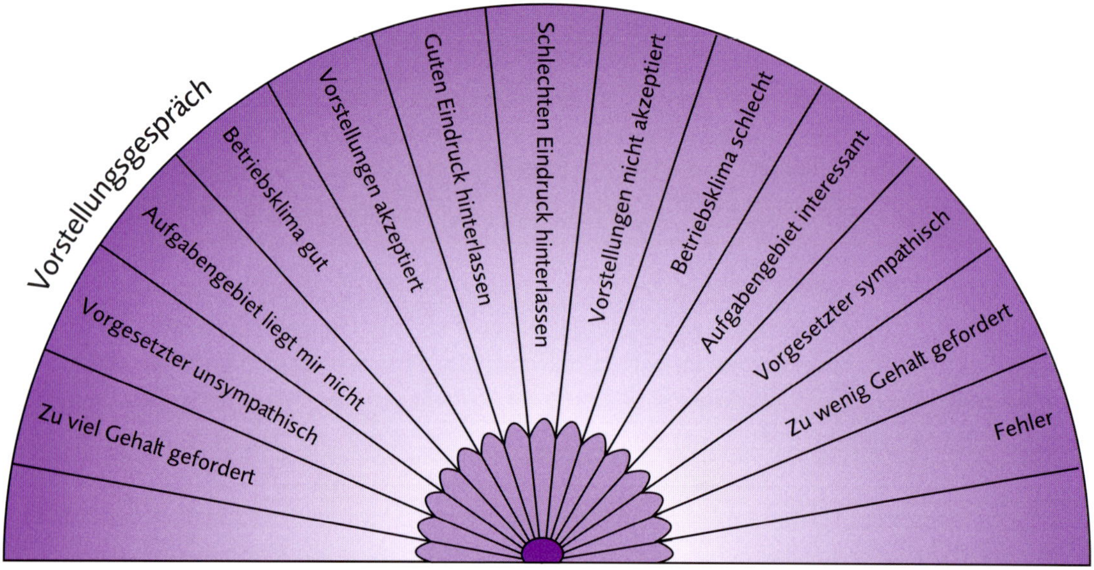

Natürlich haben Sie sich gründlich an den dafür zuständigen Stellen informiert, bevor Sie Ihren Berufswechsel in die Realität umsetzen. Denn das Pendel kann nicht allein für Ihre Entscheidung im wahrsten Sinne des Wortes ausschlaggebend sein.

Und zuletzt sei zu dem Thema Beruf noch eine kleine Warnung hinzugefügt: Gesunden Menschenverstand, rationale Überlegungen, Einfühlsamkeit in das Umfeld, die Kollegen und die Arbeit dürfen Sie nicht hintenanstellen. Kündigen Sie also bitte nicht nur aufgrund der Pendelbefragung. Treten Sie auch eine neue Stelle nicht nur wegen der Auskunft aus dem Unbewussten an. Die Pendelbefragung ist nur ein Argument in der gesamten Kette der Begründungen für einen solchen drastischen Schritt. Dieses Argument kann Sie unterstützen, sicherer in der Entscheidung machen, aber es hat keinen Absolutheitsanspruch. Es gibt Zeiten, in denen muss man sich äußeren Gegebenheiten beugen, ohne jedoch dabei das gefasste Ziel aus den Augen zu verlieren.

Wohnung oder Büro auspendeln

Den einen Einsatz im Bereich des Wohnens haben Sie bereits kennengelernt. Ausrichtung von Betten, Arbeitsplätzen oder Topfpflanzen mit Hilfe des Pendels ist sicher nicht ungeschickt, wenn man ein Gespür für diese Kräfte entwickelt hat. Aber nehmen wir an, dass Sie, aus welchen Gründen auch immer, einen neuen Wohnraum brauchen, dann kann auch bei der Suche nach einer Wohnung oder einem Haus das Pendel Ihnen helfen. Zum einen können Sie über den entsprechenden Land- oder Stadtkarten pendeln, um herauszufinden, wo es Sie denn besonders hinzieht, welche Gegend Ihnen besonders entgegenkommt. Dazu verwenden Sie am besten die zuvor beschriebene Koordinaten- oder Dreieck-Methode. Wenn ein oder zwei Bereiche immer wieder auf sich aufmerksam machen, sollten Sie ernsthafte Erkundigungen einziehen. Fahren Sie dorthin, schauen Sie sich um, befragen Sie Bekannte, und lesen Sie die Regionalzeitung. Letzteres werden Sie sicher schon deshalb tun, weil sich darin die Immobilienanzeigen befinden. Finden Sie mehrere interessante Angebote, legen Sie diese in einem Kreis oder in einer Reihe aus. Befragen Sie – unterstützend zur rationalen Auswertung nach Ihren Wunschkriterien – das Pendel zu den Angeboten. Oft nimmt nämlich auch Ihr Unterbewusstes Informationen auf, die Ihnen beim Lesen entgangen sind. Wenn Sie eine Wohnung oder ein Haus besichtigt haben, ist es möglich, dass Sie Ihr Gefühl mit dem Pendel präzisieren, sofern die Angelegenheit nicht bereits eindeutig zu einem JA oder NEIN geführt hat.

Bitte lesen Sie die Immobilienanzeigen gründlich durch, bevor Sie mit dem Pendel die Auswahl treffen!

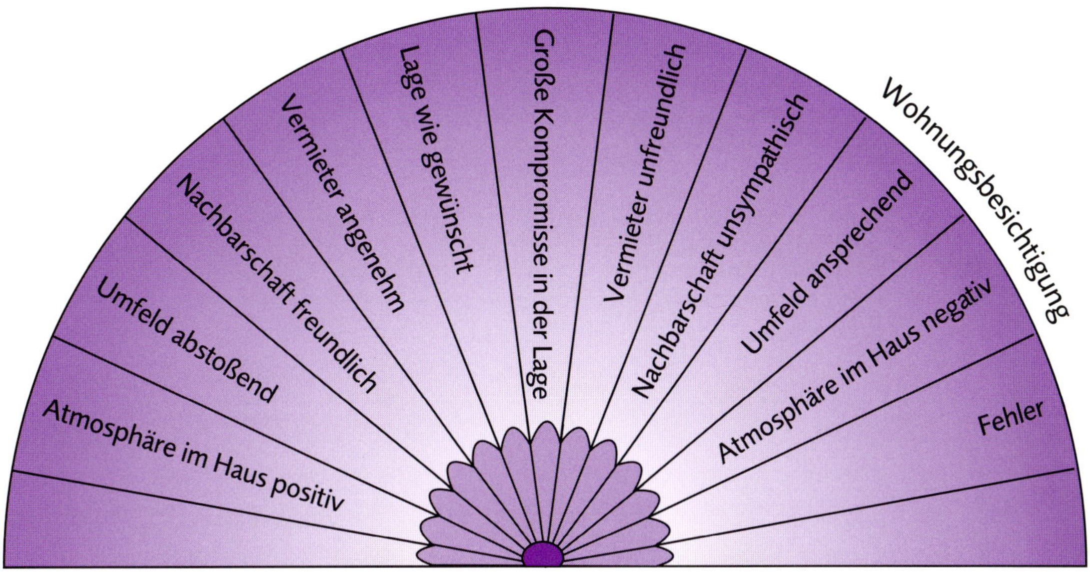

Die Grenzen des Pendels

Unbewusst nehmen wir eine Fülle von Umweltinformationen auf, die zum Beispiel auch das Wetter betreffen. Wenn Sie präzise Fragen stellen, wird es Ihnen gelingen, mit dem Pendel eine Wetterprognose abzugeben. Weitere zukünftige Ereignisse jedoch werden sich mit dem Pendel nicht vorhersagen lassen.

Dieses Buch hat die drei wesentlichen Bereiche geschildert, für die das Pendel nutzbringend eingesetzt werden kann:

- das Auffinden verlorener Gegenstände, verloren gegangener Lebewesen und vergessenen Wissens
- das Sichtbarmachen unbewusster Wahrnehmungen von Strahlen und Strömungen in der Natur
- den Dialog mit dem eigenen Unbewussten, die Erforschung der eigenen Persönlichkeit.

Es gibt jedoch auch Bereiche, die sich mit dem Pendel überhaupt nicht oder wenn, dann nur von einem medial begabten Radiästheten erschließen lassen. Zu diesen Bereichen gehören insbesondere auch die allermeisten Antworten auf Zukunftsfragen.

Zukunftsfragen

Was daher also bewusst nicht behandelt wurde, und was Sie vielleicht vermissten, ist die Zukunftsbefragung. Warum können Sie mit dem Pendel nicht die Lottozahlen der nächsten Woche vorhersagen?

Aus dem einfachen Grund, weil darüber im Normalfall noch keine Information bei Ihnen vorliegt. Probieren können Sie es selbstverständlich, denn es kann ja sein, dass Sie womöglich mediale Fähigkeiten besitzen, von denen Sie bislang noch nichts wussten. Diese Begabung zumindest entdecken Sie dann durch das Pendel. Aber mediale Fähigkeiten hat eben nicht jeder, und es ist auch zu bezweifeln, dass ein Mensch, der kommende Ereignisse vorhersagen kann, besonders glücklich damit ist. Bedenken Sie das auch.

Obwohl Sie also in der Regel das Pendel nicht zur Befragung der Zukunft einsetzen können, erschließt es Ihnen dennoch eine ungeheuer große Welt des Wissens. Das führt aber auch dazu, dass Sie sehr verantwortungsvoll mit dieser Gabe umgehen müssen.

Pendeln für andere?

Wenn Sie jemand mit dem Pendel erwischt und Sie nicht einfach belanglos in die Luft schauen und behaupten, Sie spielten immer nur so mit diesem Anhängerchen über komischen Tabellen, kann es selbstverständlich sein, dass man Sie bittet, auch Fragen anderer zu beantworten. Das ist durchaus sinnvoll und möglich, wenn Sie zum Beispiel für jemanden etwas suchen sollen. Lassen Sie sich dann aber unbedingt eine Stoffprobe geben, um einen guten Kontakt herzustellen.

Etwas anderes ist es, wenn es sich um Fragen zu persönlichen Problemen handelt. Diese sind immer mit großer Vorsicht zu behandeln. Ein intensives Gespräch sollte auf jeden Fall vor dem Einsatz des Pendels stehen. Und sicher ist es vorzuziehen, dass der Betroffene selbst das Pendel um Rat fragt. Es geht um sein Unbewusstes, nicht um Ihres. Sie nehmen zwar auch Informationen über Ihren Gesprächspartner auf, aber es geht sozusagen durch den Filter Ihrer Person.

Und bevor Sie mit dem Pendel über andere urteilen oder Ratschläge erteilen, ist es im Übrigen immer ratsam, sich zunächst einmal ein ausreichend gutes Bild über sich selbst verschafft zu haben.

Wenden Sie das Pendeln also niemals leichtfertig an, wenn es andere Menschen betrifft.

Noch hat die Beschäftigung mit dem Pendel in vielen Kreisen den Ruf, zu den okkulten Techniken zu gehören, und manche Leute werden von Ihnen erwarten, dass Sie ihnen sagen können, was sie in einer bestimmten Situation tun sollen. Man kann sich sicher hin und wieder einem solchen Hilferuf nicht verschließen, aber wenn Sie zum Pendel greifen und damit eine Lösung über Ihren Tabellen und Tafeln erfragen, dann vergessen Sie nie darauf hinzuweisen, dass – ganz gleich, was das Pendel aus Ihrem Unbewussten als Antwort angibt – der Fragende immer Herr seines eigenen Willens ist. Sicherlich können Sie intuitiv vielleicht bessere und weiterführende Möglichkeiten vorschlagen, um die Schwierigkeiten zu beheben, als jemand, der verbissen in seinem eigenen Problemkreis gefangen ist. Die Entscheidung über sein Handeln können Sie letztendlich jedoch mit Ihrem Pendel niemandem abnehmen.

Natürlich können Sie die Fragen anderer Menschen mit Ihrem Pendel beantworten, wenn Sie darum gebeten werden. Seien Sie sich aber bewusst, welche Verantwortung Sie dabei tragen.

Abhängigkeit vom Pendel

Was für das Pendeln für andere gilt, ist natürlich auch für Sie selbst gültig. Nutzen Sie das Pendel, wenn Sie wichtige Fragen haben, doch vermeiden Sie bitte, davon abhängig zu werden. Ihr inneres Kind ist ein sehr guter Ratgeber, doch Sie selbst haben ebenfalls eine beträchtliche Kompetenz darin, Ihr Leben im Tagesbewusstsein zu meistern. Die Entscheidung beispielsweise, mit wem Sie morgen essen gehen sollen, welchen Film Sie sich ansehen, wohin Sie in Urlaub fahren und so weiter, können Sie durchaus auch ohne Pendel treffen.

Die Fähigkeit, richtige und gute Antworten durch das Pendel zu erhalten, hängt wesentlich von der Dringlichkeit der Frage ab. Es scheint, dass das Unbewusste eng mit dem Überlebensinstinkt verknüpft ist. Wasser zu finden kann zu einer Frage auf Leben und Tod werden, weshalb hier das Unbewusste überraschend leicht und bei fast jedem Menschen mitspielt, wenn es notwendig wird.

Vermeiden Sie es, sich selbst und andere von den Aussagen des Pendels abhängig zu machen, und stellen Sie nur dringend notwendige Fragen an Ihr Pendel.

Vermisste wieder zu finden, dringend erforderliches Wissen zu Tage zu fördern, seelische Krankheitsursachen zu finden oder die Wurzel eines Konfliktes aufzudecken kann natürlich ebenso (überlebens-)wichtig sein. Vertrauen Sie darauf, dass Sie in solchen Situationen eine Antwort bekommen, wenn Sie korrekt und unverkrampft Ihre Fragen stellen.

Wenn Sie allerdings zur Belustigung anderer diese Fähigkeiten einsetzen oder gar sich damit hervortun wollen, dann stumpft dieser neu entwickelte Sinn sehr schnell ab.

Berechtigterweise fragen Sie jetzt, warum ich Ihnen auch das spielerische Pendeln empfohlen habe. Das erklärt sich ganz einfach damit, dass auch die Fragen nach der richtigen Karte, dem Salzwasser oder der versteckten Münze wichtig sind, wenn man das erste Mal mit dem Pendel umgeht. Diese Fragen sind eine Einstimmung, sich mit der Art und den Möglichkeiten des Pendelns auf spielerische Weise vertraut zu machen.

Wenn Sie sicher in der Handhabung Ihres Pendels sind, werden Sie derartige Übungen gar nicht mehr benötigen. Dann kann es sogar vorkommen, dass Sie keine sinnvollen Ergebnisse mehr bei diesen spielerischen Übungen erzielen werden.

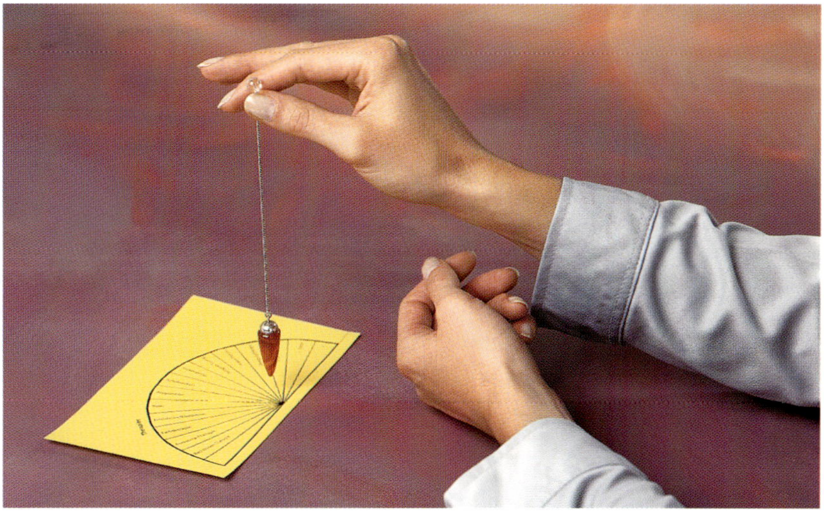

Auch bei der Suche nach einer geeigneten Therapieform kann das Pendel Antworten geben *(siehe Seite 63f.).*

Keine Ergebnisse mehr

Auch wenn im Prinzip alle Voraussetzungen zum Pendeln gegeben und Sie geübt sind und das Pendel auch nur bei wichtigen Fragestellungen zu Rate ziehen, kann es dennoch geschehen, dass Sie plötzlich keine sinnvollen Antworten mehr erhalten. Das kann vor allem vorkommen, wenn Sie den Dialog mit sich selbst gepflegt haben, um sich weiterzuentwickeln. Das ist normal, denn die neuen Erkenntnisse wollen erst einmal verarbeitet werden. Erzwingen Sie in solchen Zeiten nichts. Lassen Sie Ihr Pendel ruhen, und versuchen Sie, die innere Bewältigungsarbeit durch geeignete Meditationen und Entspannungsübungen zu unterstützen. Vielleicht eignen Sie sich ein neues Wissen an – etwa über alternative Heilmethoden, bei denen Sie zukünftig gerne das Pendel einsetzen möchten. Sie werden sehen, schon nach einigen Tagen oder Wochen arbeitet das Pendel wieder mit Ihnen zusammen, wahrscheinlich sogar aussagekräftiger als zuvor. Lassen Sie sich also nicht entmutigen, sondern trainieren Sie weiterhin Ihre Sensitivität, und bemühen Sie sich immer wieder, mit Hilfe des Pendels mit Ihrem inneren Kind zu kommunizieren. In diesem Sinne wünsche ich Ihnen viel Glück und Freude bei der weiteren Erkundung nicht nur der äußeren, sondern vor allen Dingen auch Ihrer inneren Welten mit dem Pendel!

Vertrauen Sie auf Ihr Unbewusstes und auf Ihre radiästhetischen Fähigkeiten. Sagen Sie sich bitte nicht dauernd vor, dass Sie diese niemals erlangen werden, sonst schaffen Sie es wirklich nicht.

Anhang

Gerade die komplexen Themen, die die eigene Person, Gefühle, Veranlagungen oder Beziehungen zu anderen betreffen, sind häufig nicht mehr oder nur sehr aufwändig über Ja-Nein-Fragekettten zu beantworten. In diesem Fall ist der Einsatz der Pendeltabellen eine sehr hilfreiche Unterstützung.

Eigene Karten entwerfen

Natürlich möchten Sie in die von Ihnen entworfenen Tabellen möglichst viele Begriffe Ihres Themas unterbringen. Bedenken Sie jedoch, dass die eigenen Tafeln nicht zu umfangreich werden sollten, da sie sonst zu ungenau sind und keine eindeutigen Ergebnisse mehr liefern.

Sie sehen, es gibt eine Fülle von Anwendungsmöglichkeiten, mit dem Pendel Hintergründe und verborgene Ursachen aufzuspüren. Die bereits aufgezeigten Pendelkarten sind nur Beispiele, die in eine bestimmte Richtung weisen. Wann immer Sie sich in ein Thema vertiefen wollen, haben Sie selbstverständlich die Möglichkeit, sich eigene Tafeln anzulegen, in die Sie die Begriffe eintragen, die Sie auspendeln wollen.

Nehmen Sie beispielsweise die nachfolgende Diagrammvorlage, und kopieren Sie sich das Blatt, sooft Sie es brauchen, oder fertigen Sie sich mit Zirkel und Lineal eigene Originale an, die Ihren ganz speziellen Anforderungen entsprechen. Vergessen Sie aber nicht, auch immer ein Segment für den Fehler mit vorzusehen, damit Sie einen Hinweis bekommen, falls Sie die Frage falsch gestellt haben oder das eigentliche Thema nicht aufgeführt ist.

Noch ein weiterer Tipp: Nehmen Sie nicht zu viele Themen in eine Tafel auf, die Segmente werden sonst zu klein, und der Pendelausschlag kann dadurch fehlgedeutet werden. Mehr als zwölf Felder sollten Sie nicht nehmen. Wenn Sie mehr Stichworte haben, teilen Sie die Tafeln auf, und bringen Sie in jeder ein Feld unter, das Sie darauf verweist: »Weitere Tafel benutzen«. Sie müssen auch nicht immer Text verwenden, um die Felder zu beschriften. Bilder, Farben oder Symbole können Sie ebenfalls dazu hernehmen.

Sicher haben Sie auch, wenn Sie einige Male anhand dieses Buches das Pendel eingesetzt haben, noch viele weitere Ideen für Pendeltafeln, die speziell Sie betreffen.

Vorlage Musterdiagramme

Weitere Pendeltafeln

Alle Ergebnisse, die Ihnen das Pendel liefert, sollten Sie möglichst ein paar Stunden oder Tage später durch entsprechende Kontrollfragen überprüfen.

Im Anschluss finden Sie weitere Pendeltafeln. Sie bieten Ihnen eine kleine Auswahl von Themen an, die möglicherweise für Sie von Interesse sind.
Die Tafeln 1a und 1b werden in der Fragestellung kombiniert. Fragen Sie beispielsweise: Wie lang sollte heute meine Joggingstrecke sein? Dann gibt Ihnen die Tafel 1a vielleicht die Antwort 5. Pendeln Sie mit der 5 nun über Tafel 1b, und Sie erfahren die Maßeinheit, z. B.: 500 Meter oder 5000 Meter. Pendeltafel Nr. 2 hilft, eine geopathische Störung in der Wohnung oder am Arbeitsplatz ausfindig zu machen. In Pendeltafel Nr. 3 werden Ihnen die Chakras – die Energiezentren des menschlichen Körpers, die über Meridiane (Energieleitbahnen) miteinander verbunden sind – vorgestellt. Pendeln Sie einmal aus, ob und wann welches Chakra bei Ihnen zu Energieüberschuss oder Energiemangel tendiert. Tafel Nr. 4 gibt Ihnen nicht nur Anregungen, welche Farbe Ihnen am besten steht, sondern Sie können auch einmal versuchen, Ihren Wohn- oder Arbeitsbereich mit Hilfe passender Farbkombinationen zu optimieren.

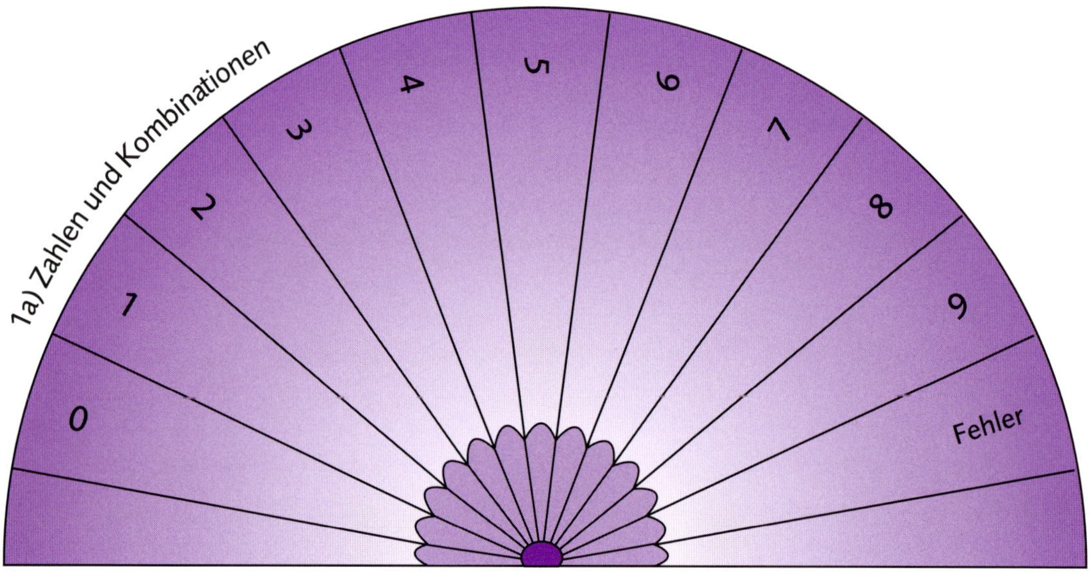

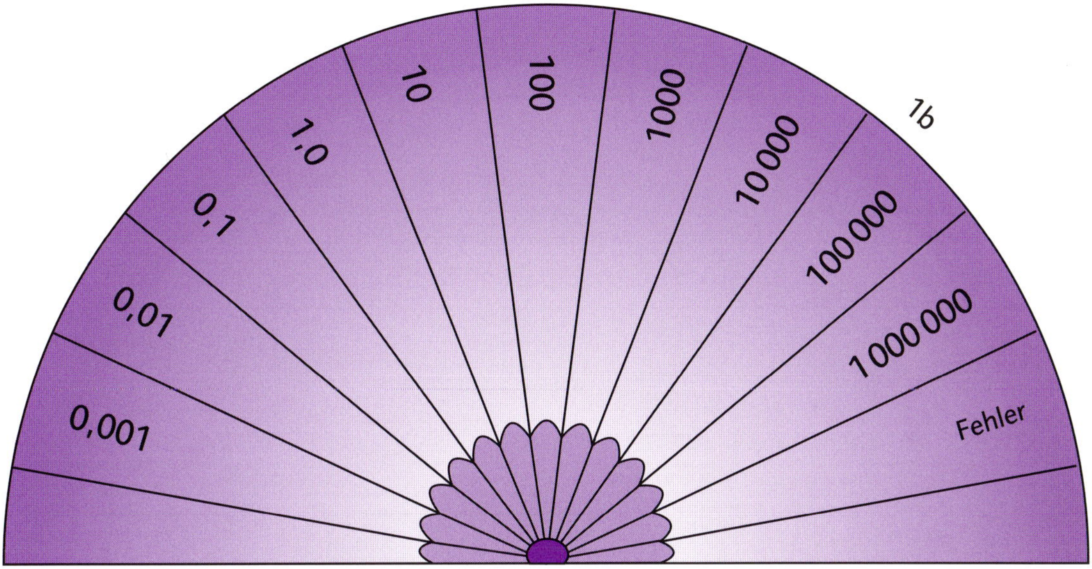

1b
0,001
0,01
0,1
1,0
10
100
1000
10 000
100 000
1 000 000
Fehler

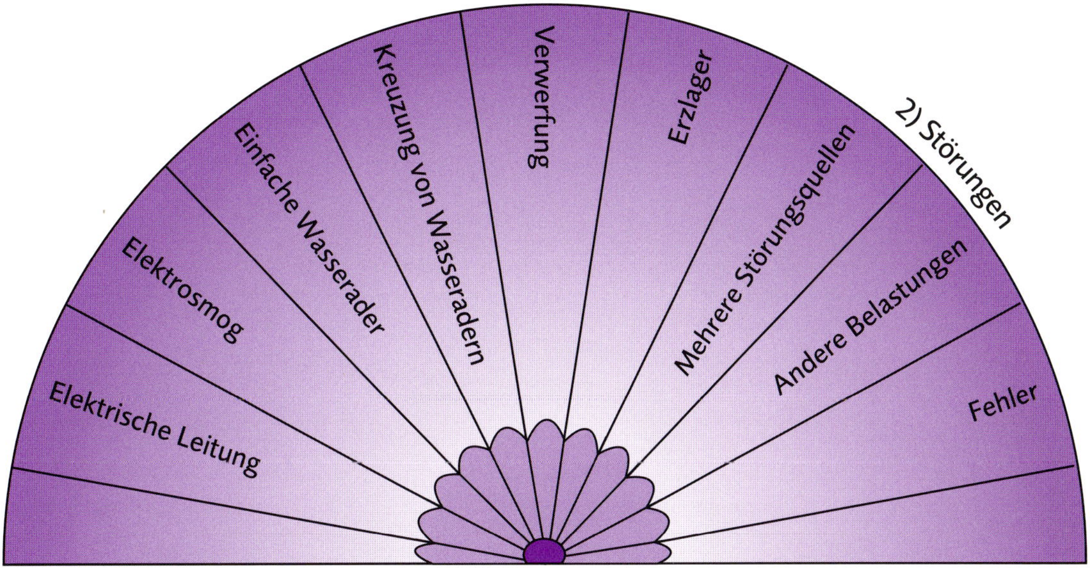

2) Störungen
Elektrische Leitung
Elektrosmog
Einfache Wasserader
Kreuzung von Wasseradern
Verwerfung
Erzlager
Mehrere Störungsquellen
Andere Belastungen
Fehler

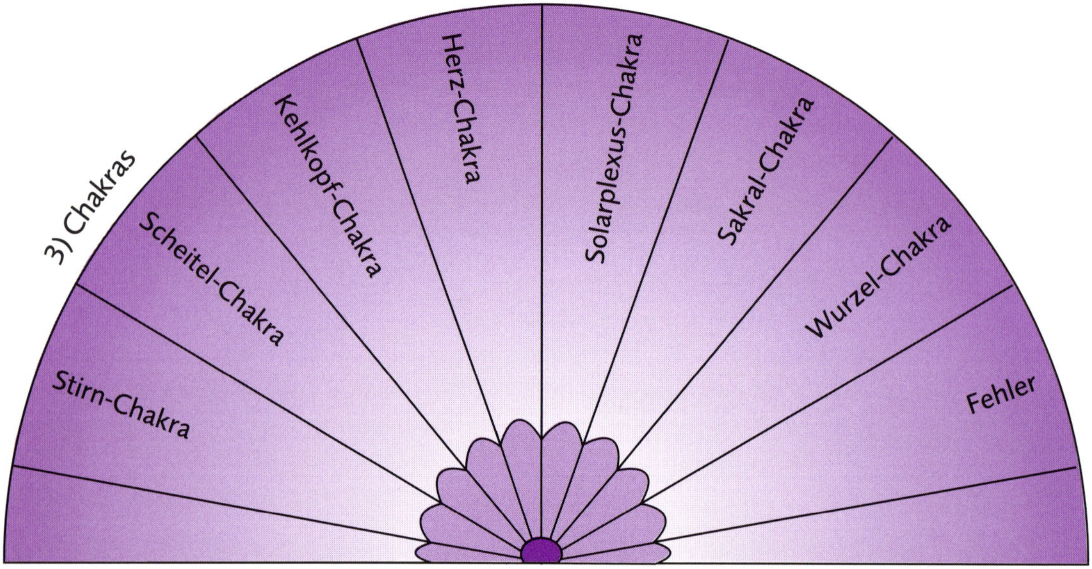
3) Chakras
Stirn-Chakra
Scheitel-Chakra
Kehlkopf-Chakra
Herz-Chakra
Solarplexus-Chakra
Sakral-Chakra
Wurzel-Chakra
Fehler

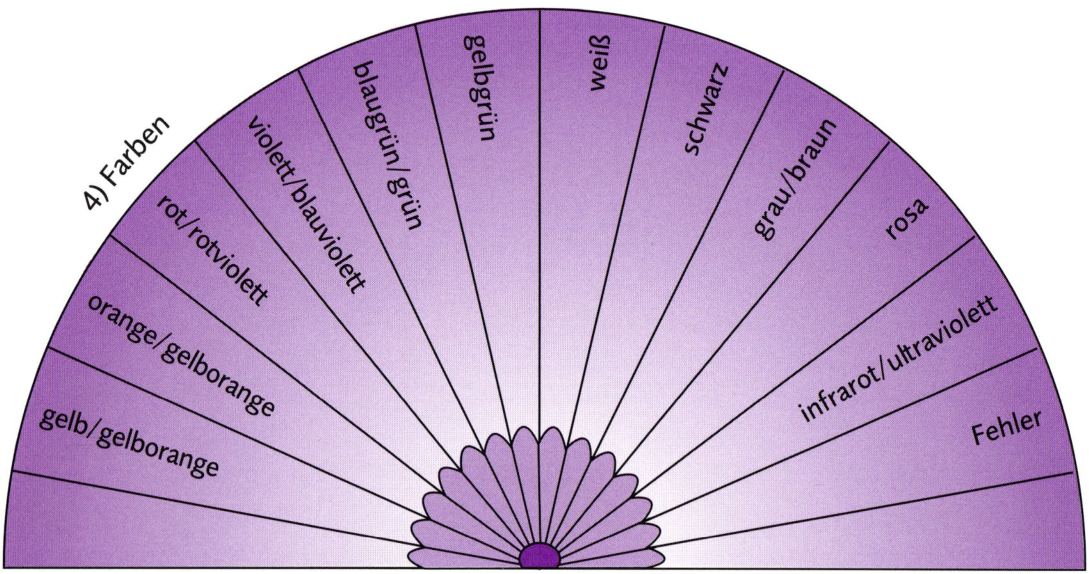
4) Farben
gelb/gelborange
orange/gelborange
rot/rotviolett
violett/blauviolett
blaugrün/grün
gelbgrün
weiß
schwarz
grau/braun
rosa
infrarot/ultraviolett
Fehler

Literaturverzeichnis

Christiane Denryk:
Pendel und Wünschelrute
(Ariston Verlag, Kreuzlingen 1998)

Paul Elling:
Die Kunst des Pendelns
(Moewig Verlag, Rastatt 1988)

Tom Graves:
Radiästhesie
(Goldmann, München 1993)

Walter Lübeck:
Das Pendel Handbuch
(Windpferd, Aitrang 1995)

Helen Palmer:
Das Enneagramm in Liebe und Arbeit
(Knaur, München 1995)

Ursula Klinger-Raatz:
Die Geheimnisse edler Steine
(Windpferd, Aitrang 1992)

Don Richard Rios:
Die neun Typen der Persönlichkeit
(Knaur, München 1989)

Marc Roberts:
Das neue Lexikon der Esoterik
(Goldmann, München 1995)

Wichtige Adressen

VRP - Verband für Ruten- und Pendelkunde e.V.
Kirchbachweg 16
D-81479 München
Tel. 089/7 91 57 74

Forschungskreis für Geobiologie Dr. Hartmann e.V.
Adlerweg 1
D-69429 Waldbrunn/Odenwald
Tel. 0 62 74/68 68

Internationales Institut für Baubiologie
Heilig-Geist-Straße 54
D- 83002 Rosenheim
Tel. + Fax 0 80 31/3 67 50

Österreichischer Verband für Radiästhesie und Geobiologie
Lenaugasse 5/18
A-1080 Wien
Tel. 01/4 08 18 83

Radiästhesie - Schweizerische Zeitschrift für Radiästhesie, Geopathie, Strahlenbiologie (RGS)
Verlag RGS, Postfach 944
Im Hauptbahnhof, Büro 107
CH-9001 St. Gallen

Schweizerischer Verband für Radiästhesie
Hermenweg 3
CH-5701 Niederlenz

Bezugsquelle

Unterschiedliche Pendelmodelle können Sie bestellen bei:
Mitras Magic Market GmbH
Postfach 10 11 16
46211 Bottrop
e-mail: Info@Pendelversand.de
Einen ausführlichen Katalog finden Sie im Internet unter:
www.Pendelversand.de und
www.Esoterikversand.de

Auflösung der Frage von Seite 50

Das Zitat stammt aus Goethes Faust - pardon - Feder.
(Faust I, Szene im Studierzimmer, Zeile 1966-1967)
Konnten Sie dieses Werk bei sich finden?

Impressum

4. Auflage 2001

Redaktion
Julei M. Habisreutinger
Projektleitung
Berit Hoffmann
Redaktionsleitung
Dr. Reinhard Pietsch
Bildredaktion
Gabriele Feld
Umschlag
Till Eiden
DTP-Produktion
Maren Scherer
Produktion
Manfred Metzger
Druck
Weber Offset, München
Bindung
R. Oldenbourg, München

Gedruckt auf chlor- und säurearmem Papier
Printed in Germany

ISBN 3-7787-3754-6

Über die Autorin

Ansha beschäftigt sich seit vielen Jahren mit Magie und artverwandten Gebieten. Sie versucht vor allem eine Synthese zwischen alten magischen Praktiken und den derzeitigen wissenschaftlichen Erkenntnissen herzustellen – Beziehungen, die insbesondere zur Psychologie und zu modernen ganzheitlichen Heilmethoden bestehen.

Anmerkung der Redaktion

Diesem Buch liegt die im Juli 1996 in Wien beschlossene und seit 1. 8. 1998 verbindliche Neuregelung der deutschen Rechtschreibung zu Grunde.

Hinweis

Das vorliegende Buch ist sorgfältig erarbeitet worden. Dennoch erfolgen alle Angaben ohne Gewähr. Weder Autorin noch Verlag können für eventuelle Schäden, die aus den im Buch gemachten Hinweisen resultieren, eine Haftung übernehmen.

Bildnachweis

Alle Bilder stammen von Siegfried Sperl, München, außer:
AKG, Berlin: 7, 10; Bavaria, Gauting: 42 (F. Thomas); Das Fotoarchiv, Essen: 56 (J. Sackermann); Tony Stone, München: 53 (P. Cocklin); Transglobe Agency, Hamburg: 1 (Lozupone), 44 (P. Broze); Visum, Hamburg: 87 (M. Wolf), 17 (J. Röttger)

Register